D0913370

# HARRAP'S

# Italian Vocabulary

*Compiled by*
LEXUS
*with*
Carla Zipoli
*and*
Gabriella Bacchelli

HARRAP
EDINBURGH
PARIS NEW YORK
Distributed in the United States by
PRENTICE HALL
New York

*First published in Great Britain 1990*
by HARRAP Books Ltd
43–45 Annandale Street, Edinburgh EH7 4AZ



ISBN 0-245-60051-5
in the United States, 0-13-382656-2

*Reprinted 1991, 1993*

Printed in England by Clays Ltd, St Ives plc

# INTRODUCTION

This Italian vocabulary book has been compiled to meet the needs of those who are learning Italian and is particularly useful for those taking school examinations. The basic vocabulary required for these is fully treated in this book.

A total of over 6,000 vocabulary items divided into 65 subject areas gives a wealth of material for vocabulary building, with the words and phrases listed being totally relevant to modern Italian. The majority of vocabulary items are listed in thematic groupings within each section, thus enabling the user to develop a good mastery of the relevant topic.

An index of approximately 2,000 words has been built up with specific reference to school exam requirements. This index is given in English with cross-references to the section of the book where the Italian vocabulary item is given.

This book will be an invaluable tool for success in Italian.

*Abbreviations used in the text:*

| | |
|---|---|
| *m* | masculine |
| *f* | feminine |
| *pl* | plural |
| *inv* | invariable nouns and adjectives (i.e. which do not change their endings in the plural) |
| *equiv* | equivalent |
| *R* | registered trade mark |

# CONTENTS


1. Describing People
2. Clothes and Fashion
3. Hair and Make-Up
4. The Human Body
5. How Are You Feeling?
6. Health, Illnesses and Disabilities
7. Movements and Gestures
8. Identity
9. Age
10. Work and Jobs
11. Character and Behaviour
12. Emotions
13. The Five Senses
14. Likes and Dislikes
15. Daily Routine and Sleep
16. Food
17. Housework
18. Shopping
19. Sport
20. Leisure and Hobbies
21. The Mass Media

# CONTENTS

22. An Evening Out
23. My Room
24. The House
25. The City
26. Cars
27. Nature
28. What's the Weather Like?
29. Family and Friends
30. School and Education
31. Money
32. Topical Issues
33. Politics
34. Communicating
35. Letter Writing
36. The Phone
37. Greetings and Polite Phrases
38. Planning a Holiday and Customs Formalities
39. Railways
40. Flying
41. Public Transport
42. At the Hotel
43. Camping, Caravanning and Youth Hostels
44. At the Seaside

CONTENTS

45. Geographical Terms
46. Countries, Continents etc
47. Nationalities
48. Languages
49. Holidays in Italy
50. Incidents
51. Accidents
52. Disasters
53. Crime
54. Adventures and Dreams
55. The Time
56. The Week
57. The Year
58. The Date
59. Numbers
60. Quantities
61. Describing Things
62. Colours
63. Materials
64. Directions
65. Abbreviations

# 1. PER DESCRIVERE LE PERSONE
## DESCRIBING PEOPLE

| | |
|---|---|
| **essere** | to be |
| **avere** | to have |
| **sembrare** | to look, to seem |
| **aver(e) l'aria** | to look |
| **pesare** | to weigh |
| **descrivere** | to describe |
| **abbastanza** | quite |
| **piuttosto** | rather |
| **molto, tanto** | very |
| **troppo** | too |
| **un po'** | a little, a bit |
| **la descrizione** | description |
| **l'aspetto, l'aria** | appearance, look |
| **la statura** | height |
| **la taglia** | size |
| **il peso** | weight |
| **i capelli** | hair |
| **la barba** | beard |
| **i baffi** | moustache |
| **gli occhi** | eyes |
| **la pelle** | skin |
| **la carnagione, il colorito** | complexion |
| **un brufolo, un foruncolo** | spot, pimple |
| **un neo** | mole, beauty spot |
| **le lentiggini** | freckles |
| **le rughe** | wrinkles |
| **le fossette** | dimples |
| **gli occhiali** | glasses |
| **le lenti a contatto** | contact lenses |
| **giovane** | young |
| **anziano, vecchio** | old |
| **alto** | tall |
| **basso** | small |

# 1 PER DESCRIVERE LE PERSONE

| | |
|---|---|
| **di media statura** | of average height |
| **grasso** | fat |
| **magro** | thin, skinny |
| **snello** | slim |
| **muscoloso** | muscular |
| **bello** | beautiful, good-looking, handsome |
| **carino** | pretty, sweet, cute |
| **brutto** | ugly |
| **foruncoloso** | spotty |
| **abbronzato** | sun-tanned |
| **pallido** | pale |
| **rugoso** | wrinkled |

| | |
|---|---|
| **avere gli occhi ...** | to have ... eyes |
| **azzurri** | blue |
| **verdi** | green |
| **grigi** | grey |
| **castani** | brown |
| **color nocciola** | hazel |
| **neri** | black |

**che tipo è?**
what's he/she like?

**potrebbe descriverlo/descriverla?**
can you describe him/her?

**sono alto/a un metro e 75**
I'm 1.75 metres (5 feet 9 inches) tall

**peso 70 chili**
I weigh 11 stone(s) (70 kilos)

**l'uomo con la barba bianca**
the man with the white beard

**una donna con gli occhi azzurri**
a woman with blue eyes

**ha dei begli occhi**
he's/she's got beautiful eyes

**ha l'aria un po' strana**
he/she looks a bit strange

See also sections **2 CLOTHES, 3 HAIR AND MAKE-UP, 4 BODY, 6 HEALTH** and **61 DESCRIBING THINGS**

# 2. I VESTITI E LA MODA
## CLOTHES AND FASHION

| | |
|---|---|
| **vestirsi** | to dress |
| **svestirsi** | to undress |
| **mettersi, infilarsi** | to put on |
| **togliersi, levarsi** | to take off |
| **cambiarsi** | to change |
| **provarsi** | to try on |
| **portare, indossare** | to wear |
| **star(e) bene** | to suit |
| **andar(e) bene** | to fit |

## i vestiti — clothes

| | |
|---|---|
| **il cappotto** | coat (*full length*) |
| **il soprabito** | overcoat |
| **l'impermeabile** (*m*) | raincoat |
| **la mantella** | cape |
| **la giacca a vento** | anorak |
| **il K-way** (*inv*) | cagoule |
| **il giubbotto** | bomber jacket |
| **la giacca** | jacket |
| **l'abito da uomo** | suit |
| **il tailleur** (*inv*) | (lady's) suit |
| **lo smoking** (*inv*) | dinner jacket |
| **l'uniforme** (*f*) | uniform |
| **i pantaloni, i calzoni** | trousers |
| **i pantaloni da sci** | ski pants |
| **i (blue-) jeans** | jeans |
| **la salopette** (*inv*) | dungarees |
| **la tuta** | track suit |
| **gli shorts** | shorts |
| **il vestito, l'abito** | dress |
| **l'abito da sera** | evening dress |
| **la gonna** | skirt |

| | |
|---|---|
| **la gonna a pieghe** | pleated skirt |
| **la minigonna** | mini-skirt |
| **la gonna pantalone** | culottes |
| | |
| **il golfino** | jumper |
| **il maglione** | sweater, heavy jumper |
| **il maglione dolcevita** | polo neck jumper |
| **il maglione a V** | V-neck jumper |
| **il panciotto** | waistcoat |
| **il golf** (*inv*) | cardigan |
| **la camicia** | shirt |
| **la camicetta** | blouse |
| **la camicia da notte** | nightdress |
| **il pigiama** | pyjamas |
| **la vestaglia** | dressing gown |
| **l'accappatoio** | bathrobe |
| **il bikini** (*inv*) | bikini |
| **il costume da bagno** | swimming costume, trunks |
| | |
| **la biancheria intima** | underwear |
| **gli slip, le mutande** | (under)pants |
| **le mutandine** | (lady's) pants |
| **il reggiseno** | bra |
| **la canottiera** | vest |
| **la maglietta, la t(ee)-shirt** (*inv*) | T-shirt |
| **la sottogonna** | underskirt |
| **la sottoveste** | petticoat |
| **il reggicalze** (*inv*) | suspenders |
| | |
| **le calze** | stockings, socks |
| **il collant** (*inv*) | tights |
| **i calzini** | (men's) socks |
| **i calzettoni** | (long) socks |
| | |
| **il berretto** | beret, cap |
| **il cappello** | hat |
| **il cappuccio** | hood |
| GIUBOTTO ANTIPROIETTILE | bullet-proof jacket |
| GIUBOTTO SALVAGENTE | life jacket |

| **le calzature** | **footwear** |
|---|---|
| **le scarpe** | shoes |
| **gli stivali** | boots |
| **gli stivali di gomma** | Wellington boots/wellingtons |
| **gli stivaletti** | ankle boots |
| **le scarpe da ginnastica** | trainers |
| **gli scarponi da sci** | ski boots |
| **i sandali** | sandals |
| **le espadrilles** | espadrilles |
| **gli infradito** | flip-flops |
| **le pantofole** | slippers |
| **un paio di** | a pair of |
| **la suola** | sole |
| **il tacco** | heel |
| **le scarpe senza tacco** | flat heels |
| **i tacchi a spillo** | stiletto heels |

| **gli accessori** | **accessories** |
|---|---|
| **la bombetta** | bowler (hat) |
| **il cappello di paglia** | straw hat |
| **il cappello da sole** | sun hat |
| **la sciarpa** | scarf (*long*) |
| **il foulard** (*inv*) | scarf (*square*) |
| **i guanti** | gloves |
| **le muffole** | mittens |
| **la cravatta** | tie |
| **il farfallino** | bow tie |
| **le bretelle** | braces |
| **la cintura** | belt |
| **il colletto** | collar |
| **i polsini** | cuffs |
| **il bottone** | button |
| **la tasca** | pocket |
| **i gemelli** | cufflinks |

| | |
|---|---|
| **la (cerniera) lampo** | zip |
| **le stringhe, i lacci** | shoelaces |
| **il nastro** | ribbon |
| **il fazzoletto** | handkerchief |
| **l'ombrello** | umbrella |
| **la borsa, la borsetta** | handbag |

## i gioielli — jewellery

| | |
|---|---|
| **il gioiello** | piece of jewellery |
| **l'argento** | silver |
| **l'oro** | gold |
| **una pietra preziosa** | precious stone |
| **la perla** | pearl |
| **il diamante** | diamond |
| **lo smeraldo** | emerald |
| **il rubino** | ruby |
| **lo zaffiro** | sapphire |
| **l'anello** | ring |
| **gli orecchini** | earrings |
| **il braccialetto** | bracelet |
| **il bracciale** | bangle |
| **la spilla** | brooch |
| **la collana** | necklace |
| **la catenina** | chain |
| **il ciondolo** | pendant |
| **l'orologio** | watch |
| **la bigiotteria** | costume jewellery |
| **l'anello d'oro** | gold ring |
| **la collana di perle** | pearl necklace |

## la taglia — size

| | |
|---|---|
| **piccolo** | small |
| **medio** | medium |
| **grande** | large |
| **corto** | short |
| **lungo** | long |

| | |
|---|---|
| **largo** | wide |
| **ampio** | loose-fitting |
| **stretto** | tight |
| **aderente** | (too) tight, clinging |
| **la taglia** | size |
| **la vita** | waist |
| **il numero (di scarpe)** | shoe size |
| **la circonferenza del collo** | collar size |
| **la circonferenza dei fianchi** | hip measurement |
| **la circonferenza del petto** | bust/chest measurement |
| **la circonferenza della vita** | waist measurement |

## la linea — style

| | |
|---|---|
| **l'indossatore/l'indossatrice** | model (*person*) |
| **il modello** | model, design |
| **lo stile** | style |
| **il colore** | colour |
| **la sfumatura** | shade |
| **il motivo, il disegno** | pattern |
| **la stoffa, il tessuto** | material |
| **in tinta unita** | plain |
| **stampato** | printed |
| **ricamato** | embroidered |
| **a quadretti** | check(ed) (*small*) |
| **a scacchi** | check(ed) (*large*) |
| **scozzese** | tartan |
| **a fiori** | flowered, flowery |
| **a pieghe, plissettato** | with pleats, pleated |
| **a pois** | polka-dot |
| **a righe** | striped |
| **elegante, chic** (*inv*) | elegant |
| **in abito da cerimonia/da sera** | formal/evening dress |
| **sportivo, casual** (*inv*) | casual |
| **trasandato** | sloppy |
| **semplice** | simple |
| **sobrio** | sober |

| | |
|---|---|
| **vistoso, chiassoso** | loud |
| **di moda, all'ultima moda** | fashionable |
| **passato di moda** | old-fashioned |
| **su misura** | made-to-measure |
| **scollato** | low-cut |

## la moda — fashion

| | |
|---|---|
| **la collezione (invernale)** | (winter) collection |
| **l'industria dell'abbigliamento** | clothing industry |
| **la sartoria** | dressmaking |
| **gli abiti prêt-à-porter** | off-the-peg clothes |
| **l'alta moda** | high fashion |
| **lo/la stilista** | fashion designer |
| **il sarto/la sarta** | dressmaker |
| **la sfilata di moda** | fashion show |

**dei calzini (da uomo) di cotone/di lana**
cotton/woollen socks

**è di pelle/di cuoio**
it's (made of) leather

**vorrei qualcosa di meno caro**
I'd like something cheaper

**una gonna intonata a questa camicetta**
a skirt that matches this shirt

**che taglia porta?**
what is your size?

**che numero (di scarpe) porta?**
what size (of shoes) do you take?

**il rosso mi sta male**
red doesn't suit me

**questi pantaloni ti stanno proprio bene**
these trousers suit you

See also sections **14 LIKES AND DISLIKES, 18 SHOPPING, 62 COLOURS** and **63 MATERIALS**

# 3. I CAPELLI E IL TRUCCO
## HAIR AND MAKE-UP

| | |
|---|---|
| **pettinarsi** | to comb/do one's hair |
| **spazzolarsi i capelli** | to brush one's hair |
| **tingersi i capelli** | to dye one's hair |
| **ossigenarsi i capelli** | to dye one's hair blonde |
| **farsi tagliare i capelli** | to have a hair-cut |
| **farsi tingere i capelli** | to have one's hair dyed |
| **(farsi) fare la messa in piega** | to have one's hair curled, to have a blow-dry |
| **(farsi) fare le mèche** | to have one's hair streaked |
| **(farsi) fare la permanente** | to have a perm |
| **asciugarsi i capelli** | to dry one's hair |
| **tagliare** | to cut |
| **cambiare pettinatura** | to change hair-style |
| **spuntare** | to trim |
| **truccarsi** | to put one's make-up on |
| **struccarsi** | to remove one's make-up |
| **mettersi il profumo, profumarsi** | to put on perfume |
| **mettersi lo smalto** | to put on nail varnish |
| **radersi** | to shave (*beard*) |
| **depilarsi** | to shave (*legs*) |
| **lavarsi la testa/i capelli** | to wash one's hair |

## la lunghezza dei capelli — hair length

| | |
|---|---|
| **avere i capelli ...** | to have ... hair |
| **corti** | short |
| **lunghi** | long |

## il colore dei capelli — hair colour

| | |
|---|---|
| **avere i capelli ...** | to have ... hair |
| **biondi** | blond, fair |

| | |
|---|---|
| **castani** | brown, chestnut |
| **neri** | black |
| **rossi** | red, ginger |
| **grigi** | grey |
| **brizzolati** | greying |
| **bianchi** | white |
| **essere ...** | to be ... |
| **biondo** | blond, fair-haired |
| **bruno** | dark-haired |
| **rosso** | red-headed |
| **calvo** | bald |

## le acconciature — hairstyles

| | |
|---|---|
| **avere i capelli ...** | to have ... hair |
| **ricci** | curly |
| **mossi** | wavy |
| **lisci, dritti** | straight |
| **fini** | fine |
| **folti** | thick |
| **tinti** | dyed |
| **grassi** | greasy |
| **secchi** | dry |
| **avere i capelli a spazzola** | to have a crew-cut |
| **un taglio (di capelli)** | (hair)cut |
| **una pettinatura a caschetto** | bob |
| **una permanente** | perm |
| **un ricciolo** | curl |
| **una ciocca (di capelli)** | lock (of hair) |
| **le mèche** | highlights |
| **la frangetta, la frangia** | fringe |
| **il ciuffo** | tuft |
| **la riga** | parting |
| **la coda di cavallo** | pony tail |
| **lo chignon** (*inv*) | bun |
| **la treccia** | plait, pigtail |
| **i codini** | bunches |
| **il pettine** | comb |
| **la spazzola (per i capelli)** | hairbrush |

| | |
|---|---|
| **il fermacapelli** (*inv*) | hairslide |
| **una forcina** | hairpin |
| **un bigodino** | roller |
| **l'arricciacapelli** (*inv*) | tongs |
| **la parrucca** | wig |
| | |
| **lo sciampo, lo shampoo** (*inv*) | shampoo |
| **il gel** (*inv*) | gel |
| **la lacca, il fissatore** | hair spray |

## i cosmetici — make-up

| | |
|---|---|
| **la crema per il viso** | face cream |
| **la crema idratante** | moisturizing cream |
| **la maschera di bellezza** | face pack |
| **la cipria** | powder |
| **il portacipria** (*inv*) | compact |
| **il fondotinta** (*inv*) | foundation (cream) |
| **il rossetto** | lipstick |
| **il mascara** (*inv*) | mascara |
| **l'ombretto** | eye-shadow |
| **lo smalto per unghie** | nail varnish |
| **il solvente per lo smalto** | nail varnish remover |
| **la limetta da unghie** | nail file |
| **il profumo** | perfume |
| **l'acqua di colonia** | cologne |
| **il deodorante** | deodorant |

## la rasatura — shaving

| | |
|---|---|
| **la barba** | beard |
| **i baffi** | moustache |
| **il rasoio** | razor |
| **la lametta da barba** | razor blade |
| **il pennello da barba** | shaving brush |
| **la schiuma da barba** | shaving foam |
| **il dopobarba** (*inv*) | after-shave |

# 4. IL CORPO UMANO
THE HUMAN BODY

| **le parti del corpo** | parts of the body |
|---|---|
| **la testa, il capo** | head |
| **il collo** | neck |
| **la gola** | throat |
| **la nuca** | nape of the neck |
| **la spalla** | shoulder |
| **il petto** | chest, bust |
| **il seno** | breasts |
| **lo stomaco** | stomach (*above waist*) |
| **il ventre, la pancia** | stomach (*below waist*) |
| **la schiena** | back |
| **il braccio** (*pl* **le braccia**) | arm |
| **il gomito** | elbow |
| **la mano** (*pl* **le mani**) | hand |
| **il polso** | wrist |
| **il pugno** | fist |
| **il dito** (*pl* **le dita**) | finger |
| **il mignolo** | little finger |
| **l'indice** (*m*) | index finger |
| **il pollice** | thumb |
| **l'unghia** | nail |
| **la vita** | waist |
| **il fianco, l'anca** | hip |
| **il sedere** | bottom |
| **le natiche** | buttocks |
| **la gamba** | leg |
| **la coscia** | thigh |
| **il ginocchio** (*pl* **le ginocchia**) | knee |
| **il polpaccio** | calf |
| **la caviglia** | ankle |
| **il piede** | foot |
| **il calcagno, il tallone** | heel |
| **un dito del piede** | toe |

| | |
|---|---|
| **l'alluce** (*m*) | big toe |
| **l'organo** | organ |
| **un arto** | limb |
| **il muscolo** | muscle |
| **l'osso** (*pl* **le ossa**) | bone |
| **lo scheletro** | skeleton |
| **la colonna vertebrale** | spine |
| **la costola** | rib |
| **la carne** | flesh |
| **la pelle** | skin |
| **il cuore** | heart |
| **i polmoni** | lungs |
| **il fegato** | liver |
| **i reni** | kidneys |
| **la vescica** | bladder |
| **il sangue** | blood |
| **la vena** | vein |
| **l'arteria** | artery |

## la testa — the head

| | |
|---|---|
| **il cranio** | skull |
| **il cervello** | brain |
| **i capelli** | hair |
| **la faccia, il viso** | face |
| **i tratti (del viso)** | features |
| **le rughe** | lines, wrinkles |
| **la fronte** | forehead |
| **la tempia** | temple |
| **le sopracciglia** | eyebrows |
| **le ciglia** | eyelashes |
| **l'occhio** | eye |
| **le palpebre** | eyelids |
| **la pupilla** | pupil |
| **il naso** | nose |
| **la narice** | nostril |
| **la guancia** | cheek |
| **lo zigomo** | cheekbone |
| **la mascella** | jaw (*upper*) |
| **la bocca** | mouth |

| | |
|---|---|
| **le labbra** | lips |
| **la lingua** | tongue |
| **il dente** | tooth |
| **il dente di latte** | milk tooth |
| **il dente del giudizio** | wisdom tooth |
| **il mento** | chin |
| **la fossetta** | dimple |
| **l'orecchio** (*pl* **gli orecchi/le orecchie**) | ear |

See also section **7 MOVEMENTS AND GESTURES**

# 5. COME TI SENTI?
## HOW ARE YOU FEELING?

| | |
|---|---|
| **sentirsi, stare** | to feel |
| **stare/sentirsi bene** | to be well |
| **stare/sentirsi poco bene** | to be unwell |
| **avere la nausea** | to feel sick/queasy |
| | |
| **avere ...** | to be ... |
| **caldo** | warm |
| **(molto) caldo** | hot |
| **freddo** | cold |
| **fame** | hungry |
| **una fame da lupo** | ravenous |
| **sete** | thirsty |
| **sonno** | sleepy |
| | |
| **affamato** | starving |
| **in (gran) forma** | (very) fit, on (top) form |
| **pieno di energia** | full of energy |
| **stanco** | tired |
| **esausto, sfinito** | exhausted |
| **debole** | weak |
| **fragile, delicato** | frail |
| **sano** | healthy |
| **in salute** | in good health |
| **ammalato, malato** | sick, ill |
| **sveglio** | alert, awake |
| **agitato** | agitated |
| **mezzo addormentato** | half asleep, lethargic |
| **addormentato** | asleep |
| | |
| **bagnato fradicio** | soaked |
| **gelato** | frozen |
| | |
| **troppo** | too |
| **completamente** | totally |

**ha l'aria stanca**
he/she looks tired

**mi sento debole**
I feel weak

**ho un gran caldo**
I'm too hot

**hai abbastanza caldo?**
are you warm enough?

**ho una fame da morire!**
I'm starving!

**sono stanco/a morto/a**
I'm exhausted

**non ne posso più!**
I've had enough!

**sono distrutto/a**
I'm worn out

See also section **6 HEALTH**

# 6. LA SALUTE, LE MALATTIE E LE INFERMITÀ
## HEALTH, ILLNESSES AND DISABILITIES

| | |
|---|---|
| **stare ...** | to be ... |
| **bene** | well |
| **poco bene, male** | unwell, ill |
| **meglio** | better |
| **ammalarsi** | to fall ill |
| **prendere** | to catch |
| **avere ...** | to have ... |
| **(il) mal di pancia/ di stomaco** | a sore stomach |
| **(il) mal di testa** | a headache |
| **(il) mal di gola** | a sore throat |
| **(il) mal di schiena** | backache |
| **(il) mal d'orecchi** | earache |
| **(il) mal di denti** | toothache |
| **aver la nausea** | to feel sick/queasy |
| **avere il mal di mare** | to be/feel seasick |
| **avere dei dolori, soffrire** | to be in pain |
| **soffrire (di)** | to suffer (from) |
| **avere il raffreddore** | to have a cold |
| **soffrire di (mal di) cuore** | to have a heart condition |
| **rompersi/fratturarsi una gamba** | to break one's leg |
| **slogarsi una caviglia** | to sprain one's ankle |
| **farsi male alla schiena** | to hurt one's back |
| **far male** | to hurt |
| **sanguinare** | to bleed |
| **vomitare, rimettere** | to vomit |
| **tossire** | to cough |
| **starnutire** | to sneeze |
| **sudare** | to sweat |
| **tremare** | to shake |
| **avere i brividi** | to shiver |

| | |
|---|---|
| **avere la febbre** | to have a temperature |
| **svenire** | to faint |
| **essere in coma** | to be in a coma |
| **avere una ricaduta** | to have a relapse |
| **curare** | to treat |
| **assistere** | to nurse |
| | |
| **prendersi cura di** | to take care of |
| **chiamare** | to call |
| **mandare a chiamare, far venire** | to send for |
| **prendere un appuntamento** | to make an appointment |
| **visitare** | to examine |
| **consigliare** | to advise |
| **ordinare** | to prescribe |
| **operare** | to operate |
| **farsi operare** | to have an operation |
| **farsi togliere le tonsille** | to have one's tonsils taken out |
| **fare una radiografia** | to have an X-ray |
| **medicare una ferita** | to dress a wound |
| | |
| **aver(e) bisogno di** | to need |
| **prendere** | to take |
| **riposarsi** | to rest |
| **essere in convalescenza** | to be convalescing |
| **guarire** | to heal, to recover |
| **essere a dieta** | to be on a diet |
| **dimagrire** | to lose weight |
| | |
| **gonfiarsi** | to swell |
| **infettarsi** | to become infected (*wound*) |
| **peggiorare** | to get worse |
| **morire** | to die |
| | |
| **malato, ammalato** | ill, sick, unwell |
| **debole** | weak |
| **guarito** | cured |
| **in salute** | in good health |
| **vivo** | alive |
| **incinta** | pregnant |
| **allergico (a)** | allergic (to) |

| | |
|---|---|
| **anemico** | anaemic |
| **diabetico** | diabetic |
| **stitico** | constipated |
| **doloroso** | painful |
| **contagioso** | contagious |
| **grave** | serious |
| **infetto** | infected (*wound*) |
| **contagiato** | infected (*person*) |
| **gonfio** | swollen |
| **rotto, fratturato** | broken |
| **slogato** | sprained |

## le malattie — illnesses

| | |
|---|---|
| **la malattia** | disease, illness |
| **il dolore** | pain |
| **il crampo** | cramp |
| **un'epidemia** | epidemic |
| **un attacco** | fit, attack |
| **una ferita** | wound |
| **una piaga** | sore |
| **una distorsione, una slogatura** | sprain |
| **una frattura** | fracture |
| **un'emorragia** | haemorrhage |
| **una perdita di sangue** | bleeding |
| **il sangue da naso** | nose bleed |
| **la febbre** | fever, temperature |
| **la temperatura** | temperature |
| **il singhiozzo** | hiccups |
| **la tosse** | cough |
| **il polso** | pulse |
| **il respiro** | breathing |
| **il sangue** | blood |
| **il gruppo sanguigno** | blood group |
| **la pressione (del sangue)** | blood pressure |
| **le mestruazioni** | period |
| **un aborto** | abortion, miscarriage |
| **l'acidità di stomaco** | indigestion |

| | |
|---|---|
| **l'AIDS** (*mf*) | AIDS |
| **l'appendicite** (*f*) | appendicitis |
| **l'artrite** (*f*) | arthritis |
| **l'ascesso** | abscess |
| **l'asma** | asthma |
| **un attacco epilettico** | epileptic fit |
| **una bronchite** | bronchitis |
| **il cancro** | cancer |
| **un colpo di sole, un'insolazione** | sunstroke |
| **la commozione cerebrale** | concussion |
| **la diarrea** | diarrhoea |
| **l'emicrania** | migraine |
| **l'epilessia** | epilepsy |
| **l'ernia** | hernia |
| **l'esaurimento nervoso** | nervous breakdown |
| **la febbre da fieno** | hay fever |
| **un'infarto, un attacco cardiaco** | heart attack |
| **un'infezione alla gola** | throat infection |
| **un'infezione** | infection |
| **l'influenza** | flu |
| **la leucemia** | leukaemia |
| **il mal di stomaco** | upset stomach |
| **il mal di testa** | headache |
| **la meningite** | meningitis |
| **il morbillo** | measles |
| **gli orecchioni** | mumps |
| **la pertosse** | whooping cough |
| **la polmonite** | pneumonia |
| **la rabbia** | rabies |
| **il raffreddore** | cold |
| **i reumatismi** | rheumatism |
| **la rosolia** | German measles |
| **la scarlattina** | scarlet fever |
| **la stitichezza** | constipation |
| **il tifo** | typhoid |
| **la tubercolosi** | TB |
| **l'ulcera** | ulcer |
| **il vaiolo** | smallpox |

| | |
|---|---|
| **la varicella** | chickenpox |

## la pelle — the skin

| | |
|---|---|
| **una scottatura** | burn, sunburn |
| **un taglio** | cut |
| **un graffio** | scratch |
| **un'escoriazione** | graze |
| **una puntura (d'insetto)** | (insect) bite |
| **una morsicatura** | bite (*snake*) |
| **il prurito** | itch |
| **un'eruzione** | rash |
| **l'acne** (*f*) | acne |
| **un foruncolo** | spot |
| **una verruca, un porro** | wart |
| **un callo** | corn |
| **una vescica, una bolla** | blister |
| **un livido, un ematoma** | bruise |
| **una cicatrice** | scar |

## le cure — treatments

| | |
|---|---|
| **la medicina** | medicine |
| **l'igiene** (*f*) | hygiene |
| **la salute** | health |
| **la contraccezione** | contraception |
| **un trattamento, una terapia** | (course of) treatment |
| **le cure** | health care |
| **il pronto soccorso** | first aid |
| **l'ospedale** (*m*) | hospital |
| **la clinica** | clinic |
| **l'ambulatorio** | (doctor's) surgery |
| **un'operazione d'urgenza** | emergency operation |
| **l'ambulanza** | ambulance |
| **la lettiga, la barella** | stretcher |
| **il termometro** | thermometer |
| **la fleboclisi** (*inv*) | drip |
| **il clistere** | enema |
| **il purgante, la purga** | purge |
| **la sedia a rotelle** | wheelchair |

| | |
|---|---|
| **l'ingessatura** | plaster cast |
| **le stampelle** | crutches |
| **l'operazione (*f*), l'intervento** | operation |
| **l'anestesia** | anaesthetic |
| **i punti** | stitches |
| **una trasfusione di sangue** | blood transfusion |
| **una radiografia** | X-ray |
| **una dieta** | diet |
| **un consulto** | consultation |
| **un appuntamento** | appointment |
| **la ricetta (medica)** | prescription |
| **la convalescenza** | convalescence |
| **una ricaduta** | relapse |
| **la guarigione** | recovery |
| **la morte** | death |
| **il dottore/la dottoressa** | doctor |
| **il medico di turno** | duty doctor |
| **lo/la specialista** | specialist |
| **il chirurgo** | surgeon |
| **l'infermiera/l'infermiere** | nurse/male nurse |
| **il/la paziente** | patient |

## i farmaci — medicines

| | |
|---|---|
| **il farmaco, la medicina** | medicine |
| **la farmacia** | chemist's |
| **gli antibiotici** | antibiotics |
| **un antidolorifico, un analgesico** | painkiller |
| **un'aspirina** | aspirin |
| **un sedativo, un calmante** | tranquillizer |
| **un sonnifero** | sleeping tablet |
| **un lassativo** | laxative |
| **un tonico** | tonic |
| **le vitamine** | vitamins |
| **lo sciroppo per la tosse** | cough mixture |
| **una pastiglia, una compressa** | tablet, lozenge, pastille |
| **la pillola** | pill |
| **le gocce** | drops |

**il disinfettante** antiseptic
**la pomata** ointment
**la penicillina** penicillin
**il cotone idrofilo** cotton wool
**il gesso** plaster
**la benda** bandage, dressing
**il cerotto** sticking plaster
**l'assorbente igienico** sanitary towel
**il tampone** tampon
**l'iniezione (*f*), la puntura** injection
**la vaccinazione** vaccination

## dal dentista — at the dentist's

**il/la dentista** dentist
**la dentiera** dentures
**la carie** decay
**l'estrazione (*f*)** extraction
**l'otturazione (*f*)** filling
**la placca batterica** plaque

## le infermità — disabilities

**(h)andicappato/a** disabled
**mongoloide** Down's syndrome (*adj*)
**cieco** blind
**daltonico** colour-blind
**miope** short-sighted
**presbite** long-sighted
**duro d'orecchio, un po' sordo** hard of hearing
**non udente, sordo** deaf
**sordomuto** deaf and dumb
**invalido** crippled (disabled)
**mutilato** crippled (maimed)
**zoppo** lame

**un (h)andicappato (mentale)** (mentally) handicapped person
**un cieco** blind person
**un infermo** disabled person

**il bastone** stick
**l'apparecchio acustico** hearing aid
**gli occhiali** glasses
**le lenti a contatto** contact lenses

**come si sente?**
how are you feeling?

**non mi sento (molto) bene**
I don't feel very well

**ho la nausea/il vomito**
I feel sick

**mi gira la testa**
I feel dizzy

**dove le fa male?**
where does it hurt?

**mi fanno male gli occhi**
my eyes are sore

**non è niente di grave**
it's nothing serious

**mi sono misurato/a la febbre**
I took my temperature

**ha la febbre a 38/ha 38 di febbre**
he's/she's got a temperature of 101

**ha fatto/avuto un'operazione all'occhio**
he/she had an eye operation

**ha qualcosa contro/per ...?**
have you got anything for ...?

See also section **4 THE BODY**

# 7. I MOVIMENTI E I GESTI
## MOVEMENTS AND GESTURES

### andare e venire — comings and goings

| andare e venire | comings and goings |
|---|---|
| **andare** | to go |
| **apparire** | to appear |
| **arrivare** | to arrive |
| **zoppicare** | to limp |
| **continuare** | to continue, to go on |
| **correre** | to run |
| **passare davanti (a)** | to pass, to go past |
| **scendere (le scale)** | to go/come down(stairs) |
| **scendere (da)** | to get off |
| **sparire** | to disappear |
| **entrare (in)** | to go/come in(to) |
| **precipitarsi (in)** | to rush in |
| **rimanere inchiodato sul posto** | to be rooted to the spot |
| **camminare avanti e indietro** | to pace up and down |
| **(andare a) fare una passeggiata** | to go for a walk |
| **slittare, scivolare** | to slide (along) |
| **camminare, andare a piedi** | to walk |
| **camminare a grandi passi** | to stride |
| **camminare all'indietro** | to walk backwards |
| **salire (le scale)** | to go up(stairs) |
| **salire (su)** | to get on |
| **andar via, andarsene** | to go away |
| **andarsene in fretta** | to rush away |
| **attraversare** | to go through, to cross |
| **indietreggiare** | to move back |
| **ridiscendere** | to go back down |
| **tornar su/giù** | to go back up/down |
| **ripartire** | to set off again |
| **rientrare, tornare** | to go/come back (in/home) |
| **uscire di nuovo** | to go/come back out |
| **rimanere** | to stay, to remain |

| | |
|---|---|
| **tornare, ritornare** | to return, to come back |
| **saltellare** | to hop |
| **saltare** | to jump |
| **fermarsi** | to stop |
| **andare a far due passi/ un giro** | to go for a stroll |
| **nascondersi** | to hide |
| **andare a dormire/a letto** | to go to bed |
| **sdraiarsi** | to lie down |
| **affrettarsi** | to hurry |
| **avviarsi** | to set off |
| **mettersi in viaggio** | to set off on a journey |
| **uscire (da)** | to come/go out (of) |
| **seguire** | to follow |
| **sbucare all'improvviso** | to appear suddenly |
| **barcollare** | to stagger |
| **trascinarsi** | to dawdle |
| **bighellonare** | to hang about |
| **inciampare** | to trip |
| **venire** | to come |
| **l'arrivo** | arrival |
| **la partenza** | departure |
| **l'inizio** | beginning |
| **la fine** | end |
| **l'ingresso** | entrance |
| **l'entrata** | entrance |
| **l'uscita** | exit, way out |
| **il ritorno** | return |
| **la traversata** | crossing (*sea*) |
| **l'attraversamento** | crossing (*road*) |
| **una passeggiata** | walk, stroll |
| **un giro (a piedi)** | walk, stroll |
| **il modo di camminare** | way of walking |
| **un passo** | step |
| **un giro** | stroll |
| **il riposo** | rest |
| **un salto** | jump |
| **un sobbalzo** | start |
| **passo passo** | step by step |

| | |
|---|---|
| **in punta di piedi** | on tiptoe |
| **a passi felpati** | stealthily |
| **di corsa** | at a run |

## le azioni — actions

| | |
|---|---|
| **prendere, afferrare** | to catch |
| **abbassare** | to lower, to pull down |
| **muoversi** | to move |
| **cominciare** | to start |
| **togliere** | to remove |
| **chiudere** | to close |
| **finire** | to finish |
| **colpire, urtare** | to hit, to knock |
| **buttare via** | to throw away |
| **lanciare, tirare** | to throw |
| **far cadere** | to drop |
| **alzare** | to lift, to raise |
| **mettere** | to put, to place, to set |
| **portare** | to carry, to bring, to take |
| **aprire** | to open |
| **posare** | to put down |
| **spingere** | to push |
| **tirare** | to pull |
| **prendere** | to take, to get, to fetch |
| **ricominciare (da capo)** | to start again |
| **accovacciarsi** | to squat down |
| **inginocchiarsi** | to kneel down |
| **stirarsi** | to stretch out |
| **allungare** | to stretch |
| **appoggiarsi (contro/su/a)** | to lean (against/on) |
| **sedersi** | to sit down |
| **chinarsi** | to stoop |
| **alzarsi** | to get/stand up |
| **sporgersi (da)** | to lean (out) |
| **riposarsi** | to (have a) rest |
| **voltarsi, girarsi** | to turn round |
| **infilarsi (fra)** | to squeeze in |
| **far sussultare** | to give a start |
| **tener (stretto)** | to hold (tight) |

| | |
|---|---|
| **aggrapparsi (a)** | to hang on to |
| **toccare** | to touch |
| **trascinare** | to drag |

## le posizioni — postures

| | |
|---|---|
| **seduto** | sitting, seated |
| **in piedi** | standing |
| **appoggiato** | leaning |
| **appeso** | hanging |
| **accovacciato** | squatting |
| **inginocchiato** | kneeling |
| **in ginocchio** | on one's knees |
| **sdraiato, disteso** | lying down |
| **a pancia in giù** | lying face down |
| **appoggiato (su/contro/a)** | leaning (on/against) |
| **carponi** (*inv*) | on all fours |

## i gesti — gestures

| | |
|---|---|
| **abbassare gli occhi** | to look down, to lower one's eyes |
| **sbattere le palpebre** | to blink |
| **dare un calcio/una pedata (a)** | to kick |
| **dare un pugno (a)** | to punch |
| **dare uno schiaffo (a)** | to slap |
| **strizzare l'occhio** | to wink |
| **fare una smorfia/le boccacce** | to make a face |
| **fare segno/cenno** | to make a sign |
| **gesticolare** | to gesticulate |
| **aggrottare le sopracciglia** | to frown |
| **alzare le spalle** | to shrug (one's shoulders) |
| **far (cenno) di sì con la testa** | to nod |
| **dare un'occhiata** | to (cast a) glance |
| **guardare in su** | to look up |
| **sollevare gli occhi** | to raise one's eyes |
| **indicare** | to point at |
| **ridere** | to laugh |
| **scuotere la testa** | to shake one's head |
| **sorridere** | to smile |

| | |
|---|---|
| **uno sbadiglio** | yawn |
| **una strizzatina d'occhio** | wink |
| **un'occhiata** | glance |
| **un calcio, una pedata** | kick |
| **un pugno** | punch |
| **un gesto** | gesture |
| **uno schiaffo** | slap |
| **una smorfia** | grimace |
| **un'alzata di spalle** | shrug |
| **un cenno di sì con la testa** | nod |
| **un movimento** | movement |
| **una risata** | laugh |
| **un cenno** | sign |
| **un segnale** | signal |
| **un sorriso** | smile |

**ci siamo andati in macchina**
we went there by car

**vado a scuola a piedi**
I walk to school

**è sceso/a di corsa giù per le scale**
he/she ran downstairs

**sono uscito/a di corsa**
I ran out

**è entrato/a barcollando**
he/she staggered in

**abbiamo fatto dieci chilometri a piedi**
we walked 10 kilometres

**mi sono avvicinato/a alle ragazze**
I walked up to the girls

# 8. L'IDENTITÀ
## IDENTITY

| **il nome** | **name** |
|---|---|
| **chiamare** | to name, to call |
| **battezzare** | to christen |
| **chiamarsi** | to be called |
| **soprannominare** | to give a nickname to |
| **firmare** | to sign |
| **l'identità** | identity |
| **la firma** | signature |
| **il nome** | name |
| **il cognome** | surname |
| **il nome (di battesimo)** | first name |
| **il cognome da ragazza/ da nubile** | maiden name |
| **il soprannome** | nickname |
| **il nomignolo** | pet name |
| **le iniziali** | initials |
| **il signor (sig.) Rossi** | Mr Rossi |
| **la signora (sig.ra) Rossi** | Mrs Rossi |
| **la signorina (sig.na) Rossi** | Miss Rossi |
| **i signori** | gentlemen |
| **le signore** | ladies |
| **la nazionalità** | nationality |
| **il luogo di nascita** | birthplace |
| **la data di nascita** | date of birth |

| **i sessi** | **sexes** |
|---|---|
| **la donna** | woman |
| **la signora** | lady |
| **la ragazza** | girl |
| **l'uomo (*pl* gli uomini)** | man |
| **il signore** | gentleman |
| **il ragazzo** | boy |

| | |
|---|---|
| **maschile** | masculine |
| **femminile** | feminine |
| **maschio** | male |
| **femmina** | female |

## lo stato civile — marital status

| | |
|---|---|
| **nascere** | to be born |
| **morire** | to die |
| **sposare** | to marry |
| **sposarsi (con)** | to get married (to) |
| **fidanzarsi (con)** | to get engaged (to) |
| **divorziare (da)** | to get a divorce (from) |
| **rompere il fidanzamento** | to break off one's engagement |
| **celibe** | single (*man*) |
| **nubile** | single (*woman*) |
| **sposato** | married |
| **fidanzato** | engaged |
| **divorziato** | divorced |
| **separato** | separated |
| **vedovo** | widowed |
| **il marito** | husband |
| **la moglie** | wife |
| **l'ex marito** | ex-husband |
| **la ex moglie** | ex-wife |
| **il fidanzato** | fiancé |
| **la fidanzata** | fiancée |
| **lo sposo** | bridegroom |
| **la sposa** | bride |
| **gli sposini** | newly-weds |
| **il vedovo** | widower |
| **la vedova** | widow |
| **l'orfano** | orphan |
| **il figlio adottivo** | adopted child |
| **la cerimonia** | ceremony |
| **la nascita** | birth |
| **il battesimo** | christening |
| **la vita** | life |

| | |
|---|---|
| **la morte** | death |
| **il funerale** | funeral |
| **il matrimonio** | wedding |
| **il fidanzamento** | engagement |
| **il divorzio** | divorce |

## l'indirizzo — address

| | |
|---|---|
| **abitare, vivere** | to live |
| **prendere in affitto** | to rent |
| **dare in affitto** | to let |
| **dividere** | to share |
| **l'indirizzo** | address |
| **il domicilio** | home address |
| **il piano** | floor, storey |
| **il codice (di avviamento) postale (C.A.P.)** | postcode |
| **il numero** | number |
| **il numero di telefono** | phone number |
| **l'elenco del telefono** | telephone directory |
| **il proprietario** | owner |
| **il padrone di casa** | landlord |
| **l'inquilino** | tenant |
| **il vicino (di casa)** | neighbour |
| **in centro** | in/to town |
| **in periferia** | in the suburbs |
| **in campagna** | in the country |

## la religione — religion

| | |
|---|---|
| **cattolico** | Catholic |
| **protestante** | Protestant |
| **anglicano** | Anglican |
| **mussulmano** | Muslim |
| **ebreo, ebraico** | Jewish |
| **buddista** | Buddhist |
| **ateo** | atheist |

**come ti chiami/si chiama?**
what is your name?

**mi chiamo Paolo Rossi**
my name is Paolo Rossi

**come ti chiami di nome?**
what is your first name?

**si chiama Maria**
her name is Maria

**come si scrive?**
how do you spell that?

**dove abiti?**
where do you live?

**abito a Firenze/in Italia**
I live in Florence/in Italy

**è al terzo piano**
it's on the third floor

**abito in via Giotto (al) 27**
I live at 27 via Giotto

**abito qui da un anno/dal 1987**
I've been living here for a year/since 1987

**abito a casa di Marco**
I'm living at Marco's

See also section **29 FAMILY AND FRIENDS**

# 9. L'ETÀ
## AGE

| | |
|---|---|
| **giovane** | young |
| **vecchio** | old |
| | |
| **l'età** (*f inv*) | age |
| **l'infanzia** | childhood |
| **la gioventù** | youth |
| **l'adolescenza** | adolescence |
| **la vecchiaia** | old age |
| **la data di nascita** | date of birth |
| **il compleanno** | birthday |
| | |
| **un bambino/una bambina** | child, baby |
| **un/un'adolescente** | teenager |
| **un adulto** | adult |
| **i grandi** | grown-ups |
| **i piccini** | little ones |
| **una persona di mezza età** | a middle-aged-person |
| **un/una giovane** | young person |
| **i giovani** | young people |
| **una ragazza** | girl, young woman |
| **un ragazzo** | boy, young man |
| **una persona anziana** | old person |
| **una vecchia** | old woman |
| **un vecchio** | old man |
| **le persone anziane** | old people |
| **un pensionato/ una pensionata** | pensioner |
| **minorenne** | minor |
| **maggiorenne** | of age |

**quanti anni hai?**
how old are you?

**ho vent'anni**
I'm 20 (years old)

# 9 L'ETÀ

**quando sei nato/a?**
when were you born?

**il primo marzo 1960**
on the first of March 1960

**in che anno sei nato/a?**
what year were you born?

**sono nato/a a Venezia nel 1968**
I was born in Venice in 1968

**un bambino/una bambina di un mese**
a one-month old baby

**un ragazzo/un bambino di otto anni**
an eight-year old child

**una ragazza di sedici anni, una sedicenne**
a sixteen-year old girl

**una donna sulla trentina**
a woman of about thirty

**un uomo di mezza età**
a middle-aged man

**una persona anziana**
an elderly person

# 10. IL LAVORO E LE PROFESSIONI
## WORK AND JOBS

Words marked with an asterisk * can be used to refer to both men and women without the grammatical gender changing

| | |
|---|---|
| **lavorare** | to work |
| **avere intenzione (di)** | to intend (to) |
| **diventare** | to become |
| **interessarsi (di)** | to be interested (in) |
| **studiare** | to study |
| **essere ambizioso** | to be ambitious |
| **avere esperienza** | to have experience |
| **non avere molta esperienza** | to lack experience |
| **essere disoccupato** | to be unemployed |
| **cercare lavoro** | to look for work |
| **fare una domanda d'impiego** | to apply for a job |
| **rifiutare** | to reject (*offer*) |
| **scartare** | to reject (*applicant*) |
| **accettare** | to accept |
| **assumere** | to take on |
| **trovare un lavoro/un impiego** | to find a job |
| **riuscire** | to be successful |
| **guadagnare** | to earn |
| **guadagnarsi la vita/da vivere** | to earn a living |
| **prendere** | to get, to take |
| **pagare** | to pay |
| **prendere le ferie** | to take a holiday |
| **prendere un giorno di ferie** | to take a day off |
| **licenziare** | to lay off, to dismiss |
| **licenziarsi, dare le dimissioni** | to resign |
| **andarsene** | to leave |
| **andare in pensione** | to retire |
| **essere in sciopero** | to be on strike |
| **scioperare** | to go on strike, to strike |
| **difficile** | difficult |
| **facile** | easy |

| | |
|---|---|
| **interessante** | interesting |
| **appassionante** | exciting |
| **noioso** | boring |
| **pericoloso** | dangerous |
| **importante** | important |
| **utile** | useful |

## le professioni — people at work

| | |
|---|---|
| **l'addetto ai traslochi** | removal man |
| **l'agente** (*mf*) **di cambio** | stockbroker |
| **l'agricoltore** | farmer |
| **l'annunciatore/annunciatrice** | newsreader, announcer |
| **l'architetto *** | architect |
| **l'arredatore/arredatrice** | interior decorator |
| **l'artigiano/l'artigiana** | craftsman/woman |
| **l'artista** (*mf*) | artist |
| **l'assistente di volo** (*mf*) | steward/stewardess (*air*) |
| **l'assistente sociale** (*mf*) | social worker |
| **l'astronauta** (*mf*) | astronaut |
| **l'astronomo/l'astronoma** | astronomer |
| **l'attore/l'attrice** | actor/actress |
| **l'autista** (*mf*) | driver, bus driver |
| **l'avvocato *** | lawyer |
| **la bambinaia** | nanny |
| **il bibliotecario/la bibliotecaria** | librarian |
| **il bidello/la bidella** | janitor (school) |
| **il bracciante** | farm labourer |
| **il calzolaio** | shoemender |
| **la cameriera** | chambermaid, maid |
| **il cameriere/la cameriera** | waiter/waitress |
| **il camionista** | lorry driver |
| **il/la cantante** | singer |
| **il capitano** | captain |
| **il capo *** | boss |
| **il capocuoco, lo chef** (*inv*) | headcook, chef |
| **il/la caposquadra** | foreman |
| **il carrozziere** | panel beater |
| **il cassiere/la cassiera** | cashier |

| | |
|---|---|
| **il/la centralinista** | switchboard operator |
| **il chirurgo** * | surgeon |
| **il comico** | comedian |
| **il/la commerciante** | dealer |
| **il commesso/la commessa** | salesperson, shop asssistant |
| **il consigliere/la consigliera** | advisor |
| **il controllore** | ticket inspector |
| **il/la cronista** | reporter (*press*) |
| **il cuoco/la cuoca** | cook |
| **il/la dentista** | dentist |
| **il direttore d'orchestra** | conductor |
| **il direttore didattico/ la direttrice didattica** | head teacher (*primary school*) |
| **il direttore/la direttrice** | director, manager |
| **il/la dirigente** | executive |
| **il disegnatore/la disegnatrice** | graphic artist, interior decorator |
| **il divo/la diva** | star |
| **il/la docente universitario/a** | lecturer (*university*) |
| **il doganiere/la doganiera** | customs officer |
| **il domestico/la domestica** | servant |
| **la donna d'affari** | businesswoman |
| **il dottore/la dottoressa** | doctor |
| **l'editore** | publisher |
| **l'elettricista** | electrician |
| **il facchino** | porter |
| **il falegname** | carpenter |
| **il/la farmacista** | chemist |
| **il fattorino** | delivery man |
| **il/la fiorista** | florist |
| **il fisico** * | physicist |
| **il fornaio/la fornaia** | baker |
| **il fotografo/la fotografa** | photographer |
| **il frate** | monk |
| **il funzionario statale** | civil servant |
| **il/la garagista** | garage owner |
| **il giardiniere** | gardener |
| **il gioielliere/la gioielliera** | jeweller |
| **il giornalaio/la giornalaia** | newsagent |
| **il/la giornalista** | journalist |
| **il giudice** (*mf*) | judge |

| | |
|---|---|
| **il/la grossista** | merchant |
| **la guida turistica *** | tourist guide |
| **l'idraulico** | plumber |
| **l'imbianchino** | decorator, painter |
| **l'impiegato/a di banca** | bank clerk |
| **l'impiegato/a** | employee |
| **l'imprenditore edile** | builder |
| **l'impresario teatrale** | theatre manager |
| **l'indossatore/indossatrice** | model |
| **l'industriale** (*mf*) | industrialist |
| **l'ingegnere *** | engineer |
| **l'interprete** (*mf*) | interpreter |
| **l'istruttore/l'istruttrice** | instructor |
| **il lattaio/la lattaia** | milkman/woman |
| **un lavoratore/una lavoratrice** | worker |
| **il libraio/la libraia** | bookseller |
| **il/la macchinista** | engineer (*ship*), engine driver |
| **il macellaio/la macellaia** | butcher |
| **il maestro/la maestra d'asilo** | kindergarten teacher |
| **il maestro/la maestra** | primary school teacher |
| **il manovale** | labourer (*on roads*) |
| **il marinaio** | sailor |
| **la maschera *** | usherette, usher |
| **il meccanico** | garage mechanic |
| **il medico *** | doctor |
| **il minatore** | miner |
| **il mobiliere** | furniture dealer |
| **il muratore** | bricklayer |
| **il/la negoziante** | shopkeeper |
| **l'infermiere/l'infermiera** | nurse |
| **il notaio/la notaia** | notary |
| **l'operaio/a specializzato/a** | (semi-)skilled worker |
| **l'orologiaio/a** | watchmaker |
| **l'ortolano/a** | green grocer |
| **l'ottico *** | optician |
| **il parrucchiere/la parruchiera** | hairdresser |
| **il pasticciere/la pasticciera** | confectioner |
| **il pastore (protestante)** | minister |

| | |
|---|---|
| **il pescatore** | fisherman |
| **il pescivendolo/la pescivendola** | fishmonger |
| **il/la pilota** | pilot |
| **il pittore/la pittrice** | painter (*artist*) |
| **il politico *** | politician |
| **il poliziotto/la poliziotta** | policeman/woman |
| **il pompiere** | fireman |
| **il portinaio/la portinaia** | caretaker, porter |
| **il postino/la postina** | postman/postwoman |
| **il presentatore/la presentatrice** | announcer, presenter |
| **il/la preside** | head teacher (*secondary school*) |
| **il prete** | priest |
| **il professore/la professoressa** | secondary school teacher |
| **il proprietario/la proprietaria** | owner |
| **lo/la psichiatra** | psychiatrist |
| **lo psicologo/la psicologa** | psychologist |
| **il/la radiocronista** | radio reporter |
| **il ragioniere/la ragioniera** | accountant |
| **il/la rappresentante (di commercio)** | sales representative |
| **il/la receptionist** (*inv*) | receptionist (*in hotel*) |
| **il redattore/la redattrice** | editor (*of text*) |
| **il/la regista** | film director |
| **il sacerdote** | priest |
| **il sarto/la sarta** | dressmaker, tailor |
| **lo scienziato/la scienziata** | scientist |
| **lo scrittore/la scrittrice** | writer |
| **il segretario/la segretaria** | secretary |
| **il soldato** | soldier |
| **lo spazzino** | dustman |
| **la (steno)dattilografa/lo (steno)dattilografo** | (shorthand) typist |
| **lo/la stilista** | fashion designer |
| **uno studente/una studentessa** | student |
| **la suora** | nun |

| | |
|---|---|
| **il/la supplente** | temporary teacher |
| **il/la tassista** | taxi driver |
| **il tecnico** | technician |
| **il/la telecronista** | TV reporter |
| **il traduttore/la traduttrice** | translator |
| **l'ufficiale dell'esercito** | army officer |
| **l'uomo/la donna d'affari** | businessman/woman |
| **l'uomo/la donna delle pulizie** | cleaner |
| **il veterinario** * | veterinary surgeon |
| **il vigile del fuoco** | fireman |
| **il/la vignettista** | cartoonist |

## il mondo del lavoro the world of work

| | |
|---|---|
| **l'operaio/l'operaia** | worker |
| **i lavoratori** | working people |
| **un disoccupato/una disoccupata** | unemployed person |
| **un candidato/una candidata** | job applicant, candidate |
| **il datore di lavoro** | employer |
| **un/una dipendente** | employee |
| **un impiegato/un'impiegata** | white collar worker |
| **un/una collega** | colleague |
| **la direzione** | management |
| **il personale** | staff, personnel |
| **l'apprendista** (*mf*) | apprentice |
| **un/una tirocinante** | trainee |
| **uno/una scioperante** | striker |
| **un pensionato/una pensionata** | retired person, pensioner |
| **un/una sindacalista** | trade unionist |
| **il futuro** | the future |
| **la carriera** | career |
| **la professione** | profession |
| **il mestiere** | occupation |

## gli affari business

| | |
|---|---|
| **il lavoro, l'impiego** | job |
| **un lavoro promettente** | job with good prospects |

| | |
|---|---|
| **un impiego temporaneo** | temporary job |
| **un lavoro part time** (*inv*) | part-time job |
| **un lavoro a tempo pieno** | full-time job |
| **i posti vacanti** | openings |
| **la situazione lavorativa** | work situation |
| **il posto** | post |
| **un corso di formazione professionale** | training course |
| **l'apprendistato** | apprenticeship |
| **il tirocinio** | training (*in job*) |
| | |
| **le qualifiche, i requisiti** | qualifications, requirements |
| **i titoli di studio** | qualifications (*papers*) |
| **il certificato** | certificate |
| **il diploma** | diploma |
| **la laurea** | degree |
| | |
| **l'assunzione** (*f*) | employment |
| **il settore** | sector |
| **la ricerca** | research |
| **l'informatica** | computer science |
| **gli affari** | business |
| **l'industria** | industry |
| | |
| **la società** (*inv*) | company |
| **l'ufficio** | office |
| **la fabbrica** | factory |
| **l'officina** | workshop |
| **il negozio** | shop |
| **il laboratorio** | laboratory |
| **il magazzino** | warehouse, store |
| | |
| **il lavoro** | work |
| **(il congedo per) maternità** | maternity leave |
| **(il congedo per) malattia** | sick leave |
| **le ferie** | paid holiday |
| **il contratto (di lavoro)** | (work) contract |
| **la domanda di impiego** | job application |
| **il modulo** | form |
| **l'inserzione** (*f*) | ad(vertisement) |
| **le offerte d'impiego** | situations vacant |

| | |
|---|---|
| **lo stipendio** | salary, pay, wages |
| **il colloquio** | interview |
| **il reddito** | income |
| **l'orario flessibile** | flexitime |
| **la settimana di 40 ore** | forty hour week |
| **le tasse** | taxes |
| **un aumento (di paga/ di stipendio)** | (pay) rise |
| **un viaggio d'affari** | business trip |
| **il licenziamento per eccesso di personale** | redundancy |
| **la pensione** | pension |
| **il sindacato** | trade union |
| **lo sciopero** | strike |

**che lavoro fa?**
what does he/she do (for a living)?

**fa il medico**
he's/she's a doctor

**che cosa vorresti fare da grande?**
what would you like to do when you grow up?

**che progetti hai per il futuro?**
what are your plans for the future?

**vorrei fare l'artista**
I'd like to be an artist

**ho intenzione di studiare medicina**
I am going to study medicine

**per me quello che conta di più è lo stipendio**
the most important thing for me is the pay

**ho chiesto un permesso di due ore**
I asked for two hours off

# 11. IL CARATTERE E IL COMPORTAMENTO
## CHARACTER AND BEHAVIOUR

| | |
|---|---|
| **comportarsi** | to behave |
| **dominarsi** | to control oneself |
| **obbedire (a)** | to obey |
| **disobbedire (a)** | to disobey |
| **sgridare** | to scold |
| **prendersi una sgridata** | to be told off |
| **arrabbiarsi** | to get angry |
| **chiedere scusa, scusarsi** | to apologize |
| **punire** | to punish |
| **lasciare, permettere di** | to allow, to let |
| **proibire** | to forbid |
| **impedire** | to prevent |
| **perdonare** | to forgive |
| **ricompensare** | to reward |
| **osare** | to dare |
| **l'allegria** | cheerfulness |
| **l'arroganza** | arrogance |
| **la bravura** | skilfulness |
| **la buona condotta** | good behaviour |
| **il carattere** | character |
| **la cattiveria** | nastiness, naughtiness |
| **il comportamento** | behaviour |
| **la crudeltà** | cruelty |
| **la disobbedienza** | disobedience |
| **un dispetto** | spite |
| **l'educazione (*f*)** | politeness |
| **il fascino** | charm |
| **la follia** | folly |
| **la furbizia** | craftiness |
| **la gelosia** | jealousy |
| **la gentilezza** | kindness |
| **la gioia** | delight, joy |
| **l'imbarazzo** | embarrassment |

| | |
|---|---|
| **l'impazienza** | impatience |
| **l'insolenza** | insolence |
| **l'intelligenza** | intelligence |
| **l'intolleranza** | intolerance |
| **l'invidia** | envy |
| **l'istinto** | instinct |
| **la luna** | mood |
| **la maleducazione** | rudeness |
| **la malizia** | mischief, malice |
| **l'obbedienza** | obedience |
| **l'onestà** | honesty |
| **l'orgoglio** | pride |
| **la pazienza** | patience |
| **la pazzia** | madness |
| **la pigrizia** | laziness |
| **la prudenza** | caution |
| **la punizione** | punishment |
| **la ramanzina** | telling-off |
| **il rancore** | resentment |
| **la ricompensa** | reward |
| **uno scherzo** | trick |
| **la scusa** | apology, excuse |
| **il senso dell'umorismo** | humour |
| **la timidezza** | shyness, timidity |
| **la tristezza** | sadness |
| **l'umanità** | humanity |
| **l'umore** (*m*) | mood |
| **la vanità** | vanity |
| **la vergogna** | embarrassment |
| **la volgarità** | coarseness |
| | |
| **abile** | skilful |
| **accorto** | shrewd |
| **allegro** | cheerful, joyful |
| **antipatico** | unpleasant, disagreeable |
| **arrabbiato** | angry |
| **arrogante** | arrogant |
| **astuto** | astute, wily |
| **attento** | careful |
| **attivo** | active |

| | |
|---|---|
| **beneducato** | polite |
| **bravo** | good |
| **buffo** | funny |
| **buono** | good |
| **calmo** | calm |
| **carino** | nice, pleasant |
| **cattivo** | bad, nasty, naughty |
| **chiacchierone** | talkative |
| **comprensivo** | understanding |
| **contento** | happy |
| **coraggioso** | brave |
| **cordiale** | friendly |
| **cortese** | polite |
| **crudele** | cruel |
| **curioso** | curious |
| **delizioso** | charming |
| **di buon senso** | sensible |
| **discreto** | discreet |
| **(dis)obbediente** | (dis)obedient |
| **(dis)ordinato** | (un)tidy |
| **dispiaciuto** | sorry |
| **distratto** | absent-minded |
| **divertente** | amusing |
| **educato** | polite |
| **falso** | false |
| **fantastico** | terrific |
| **felice** | happy |
| **geloso** | jealous (*of a person*) |
| **gentile** | kind |
| **imbarazzato** | embarrassed |
| **impaziente** | impatient |
| **impulsivo** | impulsive |
| **indifferente** | indifferent |
| **infelice** | unhappy |
| **ingenuo** | naïve |
| **insolente** | insolent |
| **insopportabile** | unbearable |
| **intelligente** | intelligent |
| **intollerante** | intolerant |
| **invidioso** | envious |

# 11 IL CARATTERE

| | |
|---|---|
| **istintivo** | instinctive |
| **maldestro** | clumsy |
| **maleducato** | rude |
| **malizioso** | mischievous |
| **modesto** | modest |
| **naturale** | natural |
| **noioso** | boring |
| **obbediente** | obedient |
| **onesto** | honest |
| **operoso** | hard-working |
| **orgoglioso** | proud |
| **ottimista** | optimistic |
| **paziente** | patient |
| **pazzo** | mad |
| **permaloso** | touchy |
| **pessimista** | pessimistic |
| **pieno di sé** | boastful |
| **pigro** | lazy |
| **povero** | poor |
| **prudente** | cautious |
| **ragionevole** | reasonable |
| **rispettabile** | decent, respectable |
| **rispettoso** | respectful |
| **sciocco** | silly |
| **scontento** | unhappy |
| **sensibile** | sensitive |
| **serio** | serious |
| **sfacciato** | cheeky |
| **simpatico** | pleasant, nice |
| **sorprendente** | surprising |
| **spiritoso** | witty |
| **strano** | strange |
| **straordinario** | terrific |
| **stupido** | stupid |
| **superbo** | proud |
| **sventato** | scatterbrained |
| **testardo** | stubborn |
| **timido** | shy |
| **tollerante** | tolerant |
| **tranquillo** | quiet |

| | |
|---|---|
| **triste** | sad |
| **vanitoso** | vain |
| **villano** | rude |
| **volgare** | coarse |

**la trovo molto simpatica**
I think she's very nice

**è di ottimo/pessimo umore**
he's/she's in a (very) good/bad mood

**ha un buon/cattivo carattere**
he/she is good/ill-natured

**mi ha fatto la gentilezza di prestarmi la macchina**
he/she was kind enough to lend me his/her car

**scusi se la disturbo**
I'm sorry to disturb you

**mi dispiace (tanto) davvero**
I'm (really) sorry

**mi scuso moltissimo**
I do apologize

**ha chiesto scusa all'insegnante per essere stato insolente**
he/she apologized to the teacher for being cheeky

**ha accettato le mie scuse**
he/she accepted my apologies

# 12. LE EMOZIONI
## EMOTIONS

| **la collera** | anger |
|---|---|
| **arrabbiarsi con qualcuno** | to become angry with someone |
| **perdere la pazienza** | to lose one's temper |
| **essere arrabbiato** | to be angry |
| **essere su tutte le furie** | to be fuming |
| **indignarsi per qualcosa** | to become indignant at something |
| **agitarsi** | to get excited, to get worked up |
| **gridare** | to shout |
| **colpire** | to hit |
| **dare uno schiaffo a** | to slap (*on the face*) |
| | |
| **la collera** | anger |
| **l'indignazione** (*f*) | indignation |
| **la tensione** | tension |
| **lo stress** (*inv*) | stress |
| **un grido** | cry, shout |
| | |
| **contrariato** | annoyed, upset |
| **arrabbiato** | angry |
| **furioso** | furious |
| **imbronciato** | sulky |
| **seccato** | upset |
| **seccante** | annoying |
| **noioso** | boring |

| **la tristezza** | sadness |
|---|---|
| **piangere** | to weep, to cry |
| **scoppiare in lacrime** | to burst into tears |
| **singhiozzare** | to sob |
| **sospirare** | to sigh |
| | |
| **addolorarsi (per)** | to be distressed (by) |
| **scioccare** | to shock |
| **sgomentare** | to dismay |

**deludere** to disappoint
**sconcertare** to disconcert
**deprimere** to depress
**commuovere** to move, to touch
**colpire** to affect
**turbare** to disturb, trouble
**aver pietà (di)** to take pity (on)
**confortare** to comfort
**consolare** to console

**un dispiacere** grief
**un dolore** sorrow
**la tristezza** sadness
**una delusione** disappointment
**la disperazione** despair
**la depressione** depression
**la nostalgia** homesickness, nostalgia
**la malinconia** melancholy
**la sofferenza** suffering

**la lacrima** tear
**il singhiozzo** sob
**il sospiro** sigh

**il fallimento** failure
**la sfortuna** bad luck
**la disgrazia** misfortune

**triste** sad
**a pezzi, distrutto** shattered
**deluso** disappointed
**depresso** depressed
**desolato** distressed
**commosso** moved, touched
**cupo** gloomy
**affranto** heartbroken

## paure e preoccupazioni — fears and worries

| | |
|---|---|
| **aver paura (di)** | to be frightened (of) |
| **temere** | to fear |
| **spaventare** | to frighten |
| **preoccuparsi (di)** | to worry (about) |
| **tremare** | to tremble |
| **avere il terrore (di)** | to dread |
| **il terrore** | terror, dread |
| **lo spavento** | fright |
| **un brivido** | shiver |
| **uno shock** (*inv*) | shock |
| **un guaio** | trouble |
| **le ansie** | anxieties |
| **un problema** | problem |
| **pauroso** | fearful |
| **spaventato** | afraid |
| **spaventoso** | frightening |
| **morto di paura** | petrified |
| **preoccupato** | worried |
| **nervoso** | nervous, tense |
| **ansioso, apprensivo** | anxious |

## la gioia e la felicità — joy and happiness

| | |
|---|---|
| **divertirsi** | to enjoy oneself |
| **essere contentissimo (di)** | to be delighted (about) |
| **ridere (di/per)** | to laugh (at) |
| **scoppiare a ridere** | to burst out laughing |
| **ridere a crepapelle** | to split one's sides with laughter |
| **avere la ridarella** | to have the giggles |
| **sorridere** | to smile |
| **abbracciare** | to hug |
| **baciare** | to kiss |
| **l'allegria** | cheerfulness |
| **la felicità** | happiness |

| | |
|---|---|
| **la gioia** | joy |
| **la soddisfazione** | satisfaction |
| **la risata** | laugh, laughter |
| **uno scoppio di risa** | burst of laughter |
| **il sorriso** | smile |
| **un abbraccio** | hug |
| **un bacio** | kiss |
| **l'amore** (*m*) | love |
| **un amore a prima vista** | love at first sight |
| **la simpatia** | liking |
| **la fortuna** | luck |
| **il successo** | success |
| **la sorpresa** | surprise |
| **il piacere** | pleasure |
| **affezionato** | affectionate |
| **contento** | pleased |
| **felice** | happy |
| **innamorato** | in love |

**gli ha fatto paura**
he/she frightened him

**ha paura dei cani**
he's/she's frightened of dogs

**sente molto la mancanza di suo fratello**
he/she misses his/her brother

**non ho affatto nostalgia di casa**
I'm not homesick at all

**non stava più nella pelle dalla gioia**
he/she was beside himself/herself with delight

**beata lei!**
lucky her!

**è innamorato di Susanna**
he's in love with Susanna

# 13. I CINQUE SENSI
# THE FIVE SENSES

## la vista — sight

| | |
|---|---|
| **vedere** | to see |
| **guardare** | to look at, watch |
| **osservare** | to observe |
| **esaminare** | to examine, to study closely |
| **scrutare** | to scan |
| **rivedere** | to see again |
| **intravedere** | to catch a glimpse of |
| **dare un'occhiata (a)** | to glance at, to have a look at, to keep an eye on |
| **fissare** | to stare at |
| **sbirciare** | to peek at |
| **accendere** | to switch on (the light) |
| **spegnere** | to switch off (the light) |
| **abbagliare** | to dazzle |
| **accecare** | to blind |
| **apparire** | to appear |
| **sparire** | to disappear |
| **riapparire** | to reappear |
| **guardare la televisione** | to watch TV |
| **la vista** | sight, view |
| **lo spettacolo** | sight (*seen*), show |
| **la visione** | vision |
| **la veduta** | view |
| **il colore** | colour |
| **la luce** | light |
| **l'ombra** | shade |
| **la luminosità** (*inv*) | brightness |
| **l'oscurità** (*inv*) | darkness |
| **l'occhio** | eye |
| **gli occhiali** | glasses |
| **gli occhiali da sole** | sun glasses |

| | |
|---|---|
| **le lenti a contatto** | contact lenses |
| **la lente d'ingrandimento** | magnifying glass |
| **il binocolo** | binoculars |
| **il microscopio** | microscope |
| **il telescopio** | telescope |
| **il braille** | Braille |
| **luminoso** | bright (*room*) |
| **chiaro** | light |
| **abbagliante** | dazzling |
| **scuro** | dark |

## l'udito — hearing

| | |
|---|---|
| **sentire** | to hear |
| **ascoltare** | to listen to |
| **bisbigliare** | to whisper |
| **cantare** | to sing |
| **canticchiare a bocca chiusa** | to hum |
| **fischiare** | to whistle |
| **ronzare** | to buzz |
| **frusciare** | to rustle |
| **scricchiolare** | to creak |
| **suonare** | to ring |
| **tuonare** | to thunder |
| **assordare** | to deafen |
| **tacere, stare zitto** | to be silent, keep one's mouth shut |
| **drizzare le orecchie** | to prick up one's ears |
| **sbattere la porta** | to slam the door |
| **superare la barriera del suono** | to break the sound barrier |
| **l'udito** | hearing |
| **un rumore** | noise |
| **un verso** | noise (*of animals*) |
| **un suono** | sound |
| **il baccano, il fracasso** | racket, din |
| **l'eco** (*mf*) | echo |
| **un bisbiglio** | whisper |

| | |
|---|---|
| **la voce** | voice |
| **una canzone** | song |
| **il canto** | singing |
| **il ronzio** | buzzing |
| **lo sfrigolio** | crackling |
| **l'esplosione** (*f*) | explosion |
| **lo scricchiolio** | creaking |
| **una scampanellata** | ringing (*of door bell*) |
| **uno squillo** | ringing (*of telephone*)/blast of trumpet |
| **un fruscio** | rustling |
| **un tonfo** | thump, thud, plop |
| **un tuono** | thunder |
| **l'orecchio** (*pl* **le orecchie, gli orecchi**) | ear |
| **l'altoparlante** (*m*) | loudspeaker |
| **l'impianto di amplificazione** | public address system |
| **il citofono** | intercom |
| **la cuffia** | earphones, headset |
| **il walkman** (*R*) (*inv*) | personal stereo |
| **la radio** (*inv*) | radio |
| **l'alfabeto Morse** | Morse code |
| **i tappi per le orecchie** | earplugs |
| **l'apparecchio acustico** | hearing aid |
| **rumoroso** | noisy |
| **silenzioso** | silent |
| **forte** | loud |
| **acuto** | shrill |
| **debole** | faint |
| **assordante** | deafening |
| **sordo** | deaf |
| **duro d'orecchio** | hard of hearing |

## il tatto — touch

| | |
|---|---|
| **toccare** | to touch |
| **tastare** | to feel |
| **(ac)carezzare** | to stroke |

| | |
|---|---|
| **fare il solletico** | to tickle |
| **strofinare** | to rub |
| **colpire** | to knock, to hit |
| **grattare** | to scratch |
| **il tatto** | touch |
| **la carezza** | stroke |
| **il colpo** | blow |
| **la stretta di mano** | handshake |
| **i polpastrelli** | fingertips |
| **liscio** | smooth |
| **ruvido** | rough |
| **morbido** | soft |
| **duro** | hard |
| **freddo** | cold |
| **caldo** | warm, hot |

## il gusto — taste

| | |
|---|---|
| **assaggiare** | to taste (*sample*) |
| **bere** | to drink |
| **mangiare** | to eat |
| **leccare** | to lick |
| **sorseggiare** | to sip |
| **trangugiare** | to gobble up |
| **gustare** | to savour |
| **inghiottire** | to swallow |
| **deglutire** | to swallow |
| **masticare** | to chew |
| **salare** | to salt |
| **zuccherare** | to sweeten |
| **speziare** | to add spices |
| **il gusto** | taste |
| **la bocca** | mouth |
| **la lingua** | tongue |
| **la saliva** | saliva |
| **le papille gustative** | taste buds |
| **l'appetito** | appetite |

| | |
|---|---|
| **appetitoso** | appetizing |
| **squisito** | delicious |
| **disgustoso** | horrible |
| **dolce** | sweet |
| **salato** | salted/salty |
| **aspro** | tart |
| **acido** | sour |
| **amaro** | bitter |
| **piccante** | spicy, hot |
| **forte** | strong |
| **insipido** | tasteless |

## l'olfatto — smell

| | |
|---|---|
| **sentire odore di** | to smell |
| **sapere di** | to smell of |
| **annusare, fiutare** | to sniff |
| **puzzare** | to stink |
| **profumare** | to perfume |
| **avere un buon/cattivo odore** | to smell nice/awful |
| **l'olfatto, l'odorato** | (sense of) smell |
| **l'odore** (*m*) | smell |
| **il profumo** | scent, perfume |
| **l'aroma** (*m*) | aroma |
| **la fragranza** | fragrance |
| **il puzzo** | stench |
| **il fumo** | smoke |
| **il naso** | nose |
| **le narici** | nostrils |
| **profumato** | scented, fragrant |
| **puzzolente** | stinking |
| **fumoso** | smoky |
| **inodore** | odourless |

**la cantina è buia**
it's dark in the cellar

**ho sentito il bambino cantare**
I heard the child singing

**è morbido al tatto**
it feels soft

**mi fa venire l'acquolina in bocca**
it makes my mouth water

**questo caffè sa di sapone**
this coffee tastes of soap

**questo cioccolato ha un sapore strano**
this chocolate tastes funny

**hai sentito odor di gas?**
did you smell gas?

**questa minestra non sa di niente**
this soup does not taste of anything

**c'è puzzo/odore di fumo in questa stanza**
this room smells of smoke

**c'è odor di chiuso qui/qui non si respira**
it's stuffy in here

See also sections **4 THE BODY, 6 HEALTH, 16 FOOD** and **62 COLOURS**

# 14. LE PREFERENZE E I GUSTI
## LIKES AND DISLIKES

| | |
|---|---|
| **piacere** | to like |
| **amare** | to love (*a person*) |
| **adorare** | to adore |
| **voler (molto) bene a** | to be fond of (*a person*) |
| **essere entusiasta di** | to be keen on |
| **apprezzare** | to appreciate |
| **essere grato (per)** | to be grateful (for) |
| **aver voglia di** | to feel like |
| **detestare** | to detest, to dislike |
| **odiare** | to hate |
| **disprezzare** | to despise |
| **preferire** | to prefer |
| **scegliere** | to choose |
| **esitare** | to hesitate |
| **decidere** | to decide |
| **paragonare** | to compare |
| **aver bisogno di** | to need |
| **volere** | to want |
| **augurare** | to wish |
| **desiderare** | to wish for |
| **sperare di** | to hope |
| **l'amore** (*m*) | love |
| **la simpatia** | liking (*for person*) |
| **la predilezione** | liking (*for thing*) |
| **il ribrezzo, il disgusto** | loathing |
| **l'odio** | hate |
| **il disprezzo** | contempt |
| **la scelta** | choice |
| **il paragone, il confronto** | comparison |
| **la preferenza** | preference |
| **il contrario** | contrary |
| **l'opposto** | opposite |

| | |
|---|---|
| **il contrasto** | contrast |
| **la differenza** | difference |
| **la somiglianza** | similarity |
| **il bisogno, la necessità** | need |
| **il desiderio** | wish |
| **l'intenzione (*f*)** | intention |
| **paragonabile (a)** | comparable (to) |
| **diverso (da)** | different (from) |
| **uguale (a)** | equal (to), alike |
| **identico (a)** | identical (to) |
| **lo stesso (che)** | the same (as) |
| **simile (a)** | similar (to) |
| **in confronto a** | in comparison with |
| **rispetto a** | in relation to |
| **(di) più** | more |
| **(di) meno** | less |
| **tanto, molto** | a lot |
| **immensamente** | enormously |
| **un bel po' (di)** | a great deal (of) |
| **molto (di) più/meno** | a lot more/less |
| **un bel po' di più/meno** | quite a lot more/less |

**questo libro mi piace**
I like this book

**mi piace molto recitare**
I quite like doing drama

**il rosso è il mio colore preferito**
red is my favourite colour

**il caffè mi piace più del tè**
I prefer coffee to tea

**preferisco stare a casa**
I'd rather stay at home, I prefer staying at home

**sono contento/a di vederti**
I'm pleased to see you

**stasera ho voglia di uscire**
I feel like going out tonight

**vorrebbero andare al cinema**
they'd like to go to the pictures

# 15. LA VITA QUOTIDIANA E IL SONNO
## DAILY ROUTINE AND SLEEP

| | |
|---|---|
| **svegliarsi** | to wake up |
| **alzarsi** | to get up |
| **stirarsi** | to stretch |
| **sbadigliare** | to yawn |
| **essere mezzo addormentato** | to be half asleep |
| **fare una bella dormita** | to have a good sleep |
| **svegliarsi troppo tardi** | to oversleep |
| **aprire le tende/le persiane** | to open the curtains/shutters |
| **tirar su la tapparella** | to pull up the blind |
| **spalancare la finestra** | to open the window wide |
| **accendere la luce** | to switch the light on |
| **andare in bagno** | to go to the bathroom |
| **lavarsi** | to wash, to have a wash |
| **lavasi il viso** | to wash one's face |
| **lavarsi le mani** | to wash one's hands |
| **lavarsi i denti** | to brush one's teeth |
| **lavarsi i capelli/la testa** | to wash one's hair |
| **fare la doccia** | to have a shower |
| **fare il bagno** | to have a bath |
| **insaponarsi** | to soap oneself down |
| **sciacquarsi** | to rinse oneself |
| **asciugarsi** | to dry oneself |
| **asciugarsi le mani** | to dry one's hands |
| **radersi** | to shave |
| **andare al gabinetto/al bagno** | to go to the toilet |
| **vestirsi** | to get dressed |
| **pettinarsi** | to do /comb one's hair |
| **spazzolarsi i capelli** | to brush one's hair |
| **truccarsi** | to put on one's make-up |
| **mettersi le lenti a contatto** | to put in one's contact lenses |
| **mettersi la dentiera** | to put in one's false teeth |
| **(ri)fare il letto** | to make the bed |

# 15 LA VITA QUOTIDIANA E IL SONNO

| | |
|---|---|
| **accendere la radio/la televisione** | to switch the radio/television on |
| **spegnere la radio/la televisione** | to switch the radio/television off |
| **fare colazione** | to have breakfast |
| **dar da mangiare al gatto/cane** | to feed the cat/dog |
| **annaffiare le piante** | to water the plants |
| **prepararsi** | to get ready |
| **uscir di casa** | to leave the house |
| **andare a scuola** | to go to school |
| **andare in ufficio** | to go to the office |
| **andare a lavorare/al lavoro** | to go to work |
| **prendere l'autobus** | to take the bus |
| **(ri)tornare a casa** | to come/go home |
| **tornare (a casa) da scuola** | to come back from school |
| **tornare (a casa) dal lavoro** | to come back from work |
| **fare i compiti** | to do one's homework |
| **riposarsi** | to have a rest |
| **fare un pisolino/un sonnellino** | to have a nap |
| **fare la siesta** | to have a nap (*in the afternoon*) |
| **bere una tazza di tè** | to have a cup of tea |
| **far merenda** | to have an afternoon snack |
| **guardare la televisione** | to watch television |
| **leggere** | to read |
| **giocare** | to play |
| **cenare** | to have dinner |
| **chiudere la porta a chiave** | to lock the door |
| **spogliarsi, svestirsi** | to undress |
| **tirare le tende** | to draw the curtains |
| **chiudere le imposte** | to pull down the blinds |
| **andare a letto** | to go to bed |
| **rimboccare le coperte** | to tuck in |
| **mettere la sveglia** | to set the alarm (clock) |
| **spegnere la luce** | to switch the light off |
| **addormentarsi** | to fall asleep |
| **dormire** | to sleep |

| | |
|---|---|
| **sonnecchiare** | to doze |
| **sognare** | to dream |
| **dormire male** | to sleep badly |
| **avere l'insonnia** | to suffer from insomnia |
| **passare una notte in bianco** | to have a sleepless night |

## la pulizia personale washing

| | |
|---|---|
| **il sapone** | soap |
| **l'asciugamano** | towel |
| **il telo da bagno** | bath towel |
| **l'asciugamano piccolo** | hand towel |
| **il guanto di spugna** | flannel |
| **la spugna** | sponge |
| **lo spazzolino (per le unghie)** | (nail) brush |
| **la spazzola** | brush |
| **il pettine** | comb |
| **lo spazzolino (da denti)** | toothbrush |
| **il dentifricio** | toothpaste |
| **lo sciampo** (*inv*) | shampoo |
| **il bagnoschiuma** (*inv*) | bubble bath |
| **i sali da bagno** | bath salts |
| **il deodorante** | deodorant |
| **la carta igienica** | toilet paper |
| **l'asciugacapelli** (*m inv*) | hair dryer |
| **la bilancia** | scales |

## il letto bed

| | |
|---|---|
| **il cuscino** | pillow |
| **il lenzuolo (*pl* le lenzuola)** | sheet |
| **la federa** | pillowcase |
| **la coperta** | blanket |
| **una coperta in più** | extra blanket |
| **il piumino, il piumone** | duvet |
| **il materasso** | mattress |
| **il copriletto** | bedspread |
| **la coperta elettrica** | electric blanket |
| **la borsa dell'acqua calda** | hot-water bottle |

| | |
|---|---|
| **di solito** | usually |
| **la/alla mattina, il/al mattino** | in the morning |
| **la/alla sera** | in the evening |
| **ogni mattina** | every morning |
| **poi** | then |

**metto la sveglia alle sette**
I set my alarm (clock) for seven

**sono mattiniero/a**
I am an early riser

**vado sempre a letto presto/tardi**
I go to bed early/late

**ho dormito come un ghiro**
I slept like a log

See also sections **16 FOOD, 17 HOUSEWORK, 23 MY ROOM** and **54 DREAMS**

# 16. IL CIBO
FOOD

| | |
|---|---|
| **mangiare** | to eat |
| **bere** | to drink |
| **assaggiare** | to taste |
| **fare colazione** | to have/eat breakfast |
| **pranzare** | to have lunch |
| **cenare** | to have tea |

## i pasti — meals

| | |
|---|---|
| **la (prima) colazione** | breakfast |
| **la cena** | dinner, supper |
| **il pranzo** | lunch |
| **il tè** (*inv*) | tea |
| **la merenda** | morning/afternoon snack |
| **il picnic** (*inv*) | picnic |
| **uno spuntino** | snack |

## le portate — courses

| | |
|---|---|
| **uno stuzzichino** | appetizer |
| **l'antipasto** | hors d'oeuvre, starter |
| **il primo** | first course |
| **il secondo** | main course |
| **il contorno** | vegetables |
| **il dolce** | sweet |
| **la frutta** | fruit |
| **il formaggio** | cheese |

## le bevande — drinks

| | |
|---|---|
| **l'acqua** | water |
| **l'acqua minerale (gassata)** | (fizzy) mineral water |
| **il latte (parzialmente scremato)** | (semi-skimmed) milk |
| **il tè** (*inv*) | tea |

| | |
|---|---|
| **un tè al limone** | lemon tea |
| **un tè al latte** | tea with milk |
| **il caffè** (*inv*) **(nero/solubile)** | (black/instant) coffee |
| **il caffellatte** (*inv*) | white coffee |
| **il cappuccino** | cappuccino |
| **una tisana** | herbal tea |
| **una camomilla** | camomile tea |
| **una cioccolata (calda)** | (hot) chocolate |
| **una bibita** | soft drink |
| **un'aranciata** | orangeade |
| **un succo d'arancio** | orange juice |
| **una spremuta d'arancio** | fresh orange juice |
| **un succo di mela** | apple juice |
| **una coca-cola** (*R*) (*inv*) | coke (*R*) |
| **una limonata** | lemonade |
| **una bevanda alcolica** | alcoholic drink |
| **un'acqua tonica** | tonic water |
| **il sidro** | cider |
| **la birra** | beer |
| **la birra scura** | stout |
| **la birra chiara** | lager |
| **il whisky** (*inv*) **(di malto)** | (malt) whisky |
| **il vino rosso/bianco/rosé** | red/white/rosé wine |
| **lo champagne** (*inv*) | champagne |
| **l'aperitivo** | aperitif |
| **i liquori** | liqueurs |
| **il brandy** (*inv*) | brandy |

## i condimenti e le spezie — seasonings and spices

| | |
|---|---|
| **il sale** | salt |
| **il pepe** | pepper |
| **lo zucchero** | sugar |
| **la senape** | mustard |
| **l'aceto** | vinegar |
| **l'olio** | oil |
| **l'aglio** | garlic |
| **la cipolla** | onion |

| | |
|---|---|
| **le spezie** | spices |
| **le erbe aromatiche** | herbs |
| **il prezzemolo** | parsley |
| **il timo** | thyme |
| **il basilico** | basil |
| **l'origano** | oregano |
| **la menta** | mint |
| **il rosmarino** | rosemary |
| **la salvia** | sage |
| **la cannella** | cinnamon |
| **una foglia di alloro** | bay leaf |
| **la noce moscata** | nutmeg |
| **un chiodo di garofano** | clove |
| **il peperoncino** | chile peppers |
| **lo zafferano** | saffron |
| **la salsa** | sauce |
| **la maionese** | mayonnaise |

## la colazione — breakfast

| | |
|---|---|
| **il pane** | bread |
| **il pane integrale** | wholemeal bread |
| **una baguette** (*inv*), **un filoncino** | French loaf |
| **un panino** | bread roll, sandwich |
| **pane e burro** | bread and butter |
| **una fetta di pane e marmellata** | slice of bread and jam |
| **(una fetta di) pane tostato** | ( a slice of) toast |
| **un croissant** (*inv*), **una brioche** (*inv*) | croissant |
| **il burro** | butter |
| **la margarina** | margarine |
| **la marmellata** | jam, marmalade |
| **il miele** | honey |
| **i fiocchi di granoturco** | cornflakes |
| **i biscotti** | biscuits |
| **lo yogurt** (*inv*) | yoghurt |

## la frutta — fruit

| | |
|---|---|
| **un frutto** | piece of fruit |
| **la mela** | apple |
| **la pera** | pear |
| **l'albicocca** | apricot |
| **la pesca** | peach |
| **la prugna** | plum |
| **la nocepesca** | nectarine |
| **il melone** | melon |
| **l'anguria** | watermelon |
| **l'ananas** (*m inv*) | pineapple |
| **la banana** | banana |
| **l'arancio, l'arancia** | orange |
| **il pompelmo** | grapefruit |
| **il mandarino** | tangerine |
| **il limone** | lemon |
| **la fragola** | strawberry |
| **il lampone** | raspberry |
| **la mora** | blackberry |
| **il ribes** (*inv*) | redcurrant, blackcurrant |
| **la ciliegia** | cherry |
| **un grappolo d'uva** | bunch of grapes |

## la verdura — vegetables

| | |
|---|---|
| **una verdura** | vegetable |
| **i piselli** | peas |
| **i fagiolini** | green beans |
| **i porri** | leeks |
| **una patata** | potato |
| **il purè** (*inv*) **di patate** | mashed potatoes |
| **le patate al cartoccio** | jacket potatoes |
| **le patate arrosto/lesse** | roast/boiled potatoes |
| **le patatine** | chips, crisps |
| **una carota** | carrot |
| **un cavolo** | cabbage |
| **un cavolfiore** | cauliflower |
| **i cavoletti di Bruxelles** | Brussels sprouts |
| **un finocchio** | fennel |

| | |
|---|---|
| **la lattuga** | lettuce |
| **gli spinaci** | spinach |
| **i funghi** | mushrooms |
| **i carciofi** | artichokes |
| **gli asparagi** | asparagus |
| **un peperone (verde)** | (green) pepper |
| **una melanzana** | aubergine |
| **i broccoli** | broccoli |
| **gli zucchini** | courgettes |
| **il granoturco** | corn |
| **i rapanelli** | radishes |
| **un pomodoro** | tomato |
| **un cetriolo** | cucumber |
| **un avocado** (*inv*) | avocado |
| **i fagioli** | beans |
| **le lenticchie** | lentils |
| **i ceci** | chick peas |
| **l'insalata** | salad |
| **il riso** | rice |

## la carne — meat

| | |
|---|---|
| **il maiale** | pork |
| **il vitello** | veal |
| **il manzo** | beef |
| **l'agnello** | lamb |
| **il montone** | mutton |
| **il pollo** | chicken |
| **il tacchino** | turkey |
| **l'oca** | goose |
| **l'anitra** | duck |
| **il pollame** | poultry |
| **la bistecca** | steak |
| **la scaloppina** | escalope |
| **l'arrosto** | joint |
| **il rosbif** (*inv*) | roast beef |
| **il cosciotto d'agnello** | leg of lamb |
| **lo stufato** | stew |
| **il lesso, il bollito** | boiled beef |

| | |
|---|---|
| **la carne macinata** | mince |
| **l'hamburger** (*m inv*) | hamburger |
| **il rognone** | kidney |
| **il fegato** | liver |
| **il prosciutto cotto** | ham |
| **il paté** (*inv*) **di fegato** | liver pâté |
| **il sanguinaccio** | black pudding |
| **la salsiccia** | sausage |
| **il salame** | salami |
| **il bacon** (*inv*) | bacon |

## il pesce — fish

| | |
|---|---|
| **il merluzzo** | cod |
| **l'aringa** | herring |
| **le sardine** | sardines |
| **la sogliola** | sole |
| **il tonno** | tuna fish |
| **la trota** | trout |
| **il salmone (affumicato)** | (smoked) salmon |
| **i frutti di mare** | seafood |
| **l'aragosta** | lobster |
| **le ostriche** | oysters |
| **i gamberetti** | prawns |
| **le cozze** | mussels |
| **le vongole** | clams |
| **i calamari** | squid |
| **il polpo** | octopus |

## le uova — eggs

| | |
|---|---|
| **l'uovo** (*pl* **le uova**) | egg |
| **un uovo sodo/fritto** | boiled/fried egg |
| **le uova in camicia** | poached eggs |
| **le uova al prosciutto** | ham and eggs |
| **le uova strapazzate** | scrambled eggs |
| **la frittata** | omelette |

## la pasta — pasta

| | |
|---|---|
| **la pasta(sciutta)** | pasta |
| **le tagliatelle** | tagliatelle |
| **gli spaghetti** | spaghetti |
| **i maccheroni** | macaroni |
| **i ravioli** | ravioli |
| **le lasagne** | lasagna |

## i piatti caldi — hot dishes

| | |
|---|---|
| **la minestra** | soup |
| **la pastina in brodo** | noodle soup |
| **un arrosto d'agnello** | roast lamb |
| **le polpette** | meatballs |
| **il maiale/pollo arrosto** | roast pork/chicken |
| **una scaloppina al vino bianco** | escalope cooked in white wine |

| | |
|---|---|
| **cotto** | cooked |
| **stracotto** | overdone |
| **ben cotto** | well done |
| **al sangue** | rare |
| **impanato** | covered in breadcrumbs |
| **farcito** | stuffed |
| **fritto** | fried |
| **bollito** | boiled |
| **arrosto** | roast |

## i dolci — desserts

| | |
|---|---|
| **la torta di mele** | apple tart |
| **la panna (montata)** | (whipped) cream |
| **la macedonia di frutta** | fruit salad |
| **la zuppa inglese** | trifle |
| **il gelato (alla vaniglia)** | (vanilla) ice-cream |
| **lo yoghurt** (*inv*) | yoghurt |
| **la mousse** (*inv*) **al cioccolato** | chocolate mousse |

## le golosità — sweet things

| | |
|---|---|
| **il cioccolato al latte/** | milk/plain chocolate |

| | |
|---|---|
| **fondente** | |
| **una tavoletta di cioccolata** | chocolate bar |
| **i biscotti** | biscuits |
| **la torta** | cake |
| **i pasticcini, le paste** | pastries |
| **i cioccolatini** | chocolates |
| **il ghiacciolo** | ice lolly |
| **le caramelle** | sweets |
| **le mentine** | mints |
| **la gomma da masticare** | chewing gum |
| **il lecca-lecca** (*inv*) | lollypop |

## i sapori — tastes

| | |
|---|---|
| **dolce** | sweet |
| **saporito** | savoury, tasty |
| **salato** | savoury (*not sweet*), salty |
| **amaro** | bitter |
| **acido** | sour |
| **speziato** | spicy |
| **forte** | strong |
| **piccante** | hot |
| **insipido** | tasteless |

## il tabacco — tobacco

| | |
|---|---|
| **fumare** | to smoke |
| **accendere** | to light |
| **spegnere** | to put out, to stub out |
| **una sigaretta** | cigarette |
| **un sigaro** | cigar |
| **una sigaretta senza filtro** | non-filter cigarette |
| **un mozzicone** | stub |
| **una pipa** | pipe |
| **un fiammifero** | match |
| **un accendino** | lighter |
| **un pacchetto di sigarette** | packet of cigarettes |
| **un pacchetto di tabacco** | packet of tobacco |

**il tabacco da pipa** pipe tobacco
**una scatola di fiammiferi** box of matches
**la cenere** ash
**un portacenere** ashtray
**il fumo** smoke

**ha da accendere, per favore?**
have you got a light, please?

**buon appetito! - grazie, altrettanto**
enjoy your meal! - and the same to you

See also sections **5 HOW ARE YOU FEELING?, 17 HOUSEWORK, 60 QUANTITIES** and **61 DESCRIBING THINGS**

# 17. LE FACCENDE DOMESTICHE
## HOUSEWORK

| | |
|---|---|
| **fare i lavori di casa** | to do the housework |
| **cucinare** | to cook |
| **preparare il pranzo/la cena** | to prepare lunch/dinner |
| **lavare i piatti** | to do the washing-up |
| **fare il bucato** | to do the washing |
| **pulire** | to clean |
| **lucidare** | to polish |
| **spazzare** | to sweep |
| **spolverare** | to dust |
| **passare l'aspirapolvere** | to vacuum |
| **vuotare la pattumiera** | to empty the bin |
| **lavare** | to wash |
| **sciacquare** | to rinse |
| **asciugare** | to dry, to wipe (*dishes*) |
| **dare una passata/pulita (a)** | to wipe |
| **mettere in ordine** | to tidy up, to put away |
| **fare i letti** | to make the beds |
| | |
| **preparare** | to prepare |
| **tagliare** | to cut |
| **affettare** | to slice |
| **grattugiare** | to grate |
| **sbucciare** | to peel |
| **bollire** | to boil, to be boiling |
| **friggere** | to fry |
| **arrostire** | to roast |
| **tostare** | to toast |
| **apparecchiare la tavola** | to set the table |
| **sparecchiare la tavola** | to clear the table |
| **stirare** | to iron |
| **rammendare** | to darn |
| **aggiustare, riparare** | to mend, to repair |
| **aiutare** | to help |
| **dare una mano** | to give a hand |

## le persone che lavorano in casa — people who work in the house

| | |
|---|---|
| **la casalinga** | housewife |
| **la donna delle pulizie** | cleaner |
| **la collaboratrice domestica** | home help |
| **la cameriera** | maid |
| **la ragazza alla pari** | au pair girl |
| **la baby-sitter** (*inv*) | baby sitter |

## gli elettrodomestici — electric appliances

| | |
|---|---|
| **l'aspirapolvere** (*m inv*) | vacuum cleaner |
| **la lucidatrice** | floor polisher |
| **la lavatrice** | washing machine |
| **la centrifuga** | spin-dryer |
| **l'asciugatrice** (*f*) | tumble dryer |
| **il ferro da stiro** | iron |
| **la macchina da cucire** | sewing machine |
| **il frullatore** | mixer |
| **il robot** (*inv*) **da cucina** | food processor |
| **il macinacaffè** (*inv*) | coffee grinder |
| **il forno a microonde** | microwave (oven) |
| **il frigorifero** | refrigerator, fridge |
| **il congelatore** | freezer |
| **la lavastoviglie** (*inv*) | dishwasher |
| **la cucina, il fornello** | cooker |
| **il forno** | oven |
| **il gas** (*inv*) | gas |
| **l'elettricità** | electricity |
| **il tostapane** (*inv*) | toaster |
| **il bollitore elettrico** | electric kettle |
| **la macchina del caffè** | coffee-maker (*electric*) |

## gli utensili di cucina — household items

| | |
|---|---|
| **l'asse** (*m*) **da stiro** | ironing board |
| **la scopa** | broom |

| | |
|---|---|
| **la paletta** | dustpan |
| **la spazzola** | brush |
| **lo straccio** | rag, cloth, duster |
| **il panno** | duster |
| **lo strofinaccio da cucina** | dish towel |
| **lo scolapiatti** (*inv*) | dish drainer |
| **il guanto da forno** | oven glove |
| **lo stendibiancheria** (*inv*) | clothes horse |
| **la molletta** | clothes peg |
| **il detersivo (per i piatti)** | washing-up liquid |
| **il detersivo (per il bucato)** | washing powder |
| **il secchio** | bucket |
| **il catino** | basin |
| | |
| **una pentola** | pot |
| **un pentolino** | small saucepan |
| **una padella** | frying pan |
| **un tegame** | pan |
| **una teglia** | casserole dish |
| **la pentola a pressione** | pressure cooker |
| **la friggitrice** | chip pan |
| **il coperchio** | lid |
| **lo scolapasta** (*inv*) | colander |
| **il matterello** | rolling pin |
| **il tagliere** | chopping board |
| **l'apriscatole** (*m inv*) | tin opener |
| **l'apribottiglie** (*m inv*) | bottle opener |
| **il cavatappi** (*inv*) | corkscrew |
| **la frusta** | whisk |
| **l'imbuto** | funnel |

## le posate — cutlery

| | |
|---|---|
| **una posata** | a piece of cutlery |
| **il cucchiaio** | spoon |
| **il cucchiaino** | teaspoon |
| **la forchetta** | fork |
| **il coltello** | knife |
| **il coltello da cucina/da pane** | kitchen/bread knife |

| | |
|---|---|
| **lo sbucciapatate** (*inv*) | potato peeler |
| **il mestolo** | ladle |

## le stoviglie — crockery

| | |
|---|---|
| **una stoviglia** | a piece of crockery |
| **un piatto** | dish |
| **il sottopiatto** | place mat |
| **il piatto piano** | plate |
| **il piatto fondo** | soup plate |
| **il piattino** | saucer |
| **il piatto di portata** | serving dish |
| **la tazza da caffè/da tè** | coffee/tea cup |
| **la tazzina da caffè** | espresso coffee cup |
| **il bicchiere** | glass |
| **la bottiglia** | bottle |
| **la zuppiera** | soup tureen |
| **l'oliera** | oil and vinegar cruet |
| **la zuccheriera** | sugar bowl |
| **la teiera** | teapot |
| **la caraffa** | carafe, decanter |
| **la caffettiera** | coffeepot, coffee maker |
| **la lattiera** | milk jug |
| **il portauovo** | egg cup |
| **il vassoio** | tray |

**mio padre lava sempre i piatti**
my father always does the dishes

**i miei genitori si dividono i lavori domestici**
my parents share the housework

See also sections **16 FOOD** and **24 THE HOUSE**

# 18. LE COMPERE
## SHOPPING

| | |
|---|---|
| **comprare** | to buy |
| **costare** | to cost |
| **spendere** | to spend |
| **cambiare** | to exchange |
| **pagare** | to pay |
| **dare il resto** | to give change |
| **vendere** | to sell |
| **svendere** | to sell at a reduced price |
| **fare lo sconto** | to give a discount |
| **andare a fare (le) compere** | to go shopping |
| **fare (lo) shopping** | to go shopping (*not used for food*) |
| **fare la spesa** | to do the shopping (*used only for food*) |

| | |
|---|---|
| **a buon mercato/prezzo** | cheap |
| **caro, costoso** | expensive |
| **gratuito, gratis** | free |
| **un'occasione** | bargain |
| **a prezzo ribassato** | at a reduced price |
| **in offerta speciale** | on special offer |
| **di seconda mano** | second-hand |
| **il/la cliente** | customer |
| **il commesso/la commessa** | shop assistant |

## i negozi — shops

| | |
|---|---|
| **l'agenzia di viaggi** | travel agent's |
| **la bottega** | shop |
| **la bottiglieria** | off-licence |
| **la calzoleria** | shoe shop, shoe repairs |
| **la cartoleria** | stationer's |
| **il centro commerciale** | shopping centre |
| **l'edicola** | newsstand |
| **la farmacia** | chemist's |
| **la ferramenta** | ironmonger's, hardware shop |
| **la gelateria** | ice cream shop |

| | |
|---|---|
| **la gioielleria** | jeweller's |
| **i grandi magazzini** | department store |
| **l'istituto di bellezza** | beauty salon |
| **la latteria** | dairy |
| **la lavanderia (automatica)** | laundry, launderette |
| **la libreria** | bookshop |
| **la macelleria** | butcher's |
| **il mercato (coperto)** | (indoor) market |
| **la merceria** | haberdasher's |
| **il negozio del fiorista** | florist's |
| **il negozio di apparecchi fotografici** | photographer's |
| **il negozio di articoli sportivi** | sports shop |
| **il negozio di dischi** | record shop |
| **il negozio di frutta e verdura** | greengrocer's |
| **il negozio di generi alimentari** | grocer's |
| **il negozio di souvenir** | souvenir shop |
| **il negozio** | shop |
| **la panetteria** | baker's |
| **la pasticceria** | cake shop |
| **la pelletteria** | leather goods shop |
| **la pescheria** | fishmonger's |
| **la salumeria** | delicatessen |
| **il supermercato** | supermarket |
| **la tabaccheria** | tobacconist and newsagent's |
| **la tintoria** | dry cleaner's |
| | |
| **la borsa** | bag |
| **il sacchetto di plastica** | plastic bag |
| **la borsa della spesa** | shopping bag |
| **il cesto** | shopping basket |
| **il carrello** | (supermarket) trolley |
| | |
| **le istruzioni per l'uso** | instructions for use |
| **il prezzo** | price |
| **la cassa** | till |
| **la moneta, gli spiccioli** | change (*coins*) |
| **il resto** | change (*money returned*) |
| **l'assegno** | cheque |
| **la carta di credito** | credit card |

| | |
|---|---|
| **lo scontrino** | receipt |
| **i saldi** | sales |
| **il banco** | counter |
| **il reparto** | department |
| **la cabina di prova** | fitting room |
| **la scala mobile** | escalator |
| **il primo piano** | first floor |
| **l'ascensore** (*m*) | lift |
| **la vetrina** | shop window |
| **la taglia** | size |

**vado dal parrucchiere**
I'm going to the hairdresser's

**desidera?**
can I help you?

**vorrei un chilo di mele (per favore)**
I would like two pounds of apples (please)

**avete banane?**
have you got any bananas?

**desidera altro?/basta così?**
anything else?

**(no) grazie, è tutto/basta così**
that's all, thank you

**quant'è?**
how much is this?

**sono 2.000 lire (in tutto)**
that comes to 2000 lire (altogether)

**posso pagare con un assegno?**
can I pay by cheque?

**accettate carte di credito?**
do you take credit cards?

**si accomodi alla cassa, prego**
please pay the cashier

**devo farle un pacco regalo?**
do you want it giftwrapped?

**scusi, dov'è il reparto calzature?**
excuse me, where is the shoe department?

**desidero essere rimborsato/a**
I'd like a refund

**mi piace guardare le vetrine**
I like window-shopping

See also sections **2 CLOTHES, 10 JOBS AND WORK** and **31 MONEY**

# 19. LO SPORT
SPORT

| | |
|---|---|
| **allenarsi** | to train |
| **tuffarsi** | to dive |
| **saltare** | to jump |
| **giocare** | to play |
| **correre** | to run |
| **lanciare** | to throw |
| **sparare** | to shoot |
| **sciare** | to ski |
| **pattinare** | to skate |
| **nuotare** | to swim |
| **galoppare** | to gallop |
| **trottare** | to trot |
| **andare a cavallo** | to go horse riding |
| **giocare a calcio/a pallavolo** | to play football/volleyball |
| **andare a caccia** | to go hunting |
| **andare a pesca** | to go fishing |
| **andare a sciare** | to go skiing |
| **segnare, fare un gol** | to score a goal |
| **essere in testa** | to be in the lead |
| **battere il primato** | to beat a record |
| **servire** | to serve |
| **vincere** | to win |
| **perdere** | to lose |
| **battere** | to beat |
| **un/una professionista** | professional |
| **un/una dilettante** | amateur |
| **un tifoso/una tifosa** | fan |

## i vari sport — types of sport

| | |
|---|---|
| **l'aerobica** | aerobics |
| **l'alpinismo** | mountaineering |
| **l'atletica** | athletics |
| **il badminton** | badminton |
| **la caccia** | hunting |

| | |
|---|---|
| **il calcio** | football, soccer |
| **la canoa** | canoeing |
| **il canottaggio** | rowing |
| **il ciclismo** | cycling |
| **la corsa** | running |
| **il cricket** | cricket |
| **il culturismo** | body building |
| **il delfino** | butterfly-stroke |
| **il deltaplano** | hang-gliding |
| **il dorso** | backstroke |
| **l'equitazione** (*f*) | horse riding |
| **il football americano** | American football |
| **il footing** | jogging |
| **la ginnastica** | gymnastics, physical training |
| **il golf** | golf |
| **l'hockey** (*m*) **su ghiaccio** | ice hockey |
| **l'hockey** (*m*) **su prato** | hockey |
| **il jogging** | jogging |
| **il judo** | judo |
| **il karatè** | karate |
| **la lotta** | wrestling |
| **il nuoto** | swimming |
| **la pallacanestro, il basket** | basketball |
| **la pallamano** | handball |
| **la pallavolo** | volleyball |
| **il paracadutismo** | parachuting |
| **il pattinaggio a rotelle** | roller skating |
| **il pattinaggio su ghiaccio** | ice skating |
| **la pesca** | fishing |
| **il ping pong** | table tennis |
| **il pugilato, la boxe** | boxing |
| **la rana** | breast-stroke |
| **la roccia** | rock climbing |
| **il rugby** | rugby |
| **il salto in alto** | high jump |
| **il salto in lungo** | long jump |
| **la scherma** | fencing |
| **lo sci d'acqua** | water-skiing |
| **lo sci di fondo** | cross-country skiing |
| **lo sci** | skiing |

| | |
|---|---|
| **il sollevamento pesi** | weight-lifting |
| **la speleologia** | potholing |
| **gli sport invernali** | winter sports |
| **lo sport** (*inv*) | sport |
| **lo squash** | squash |
| **lo stile libero** | crawl |
| **il surf** | surfboarding |
| **il tennis** | tennis |
| **il tiro** | shooting |
| **il tuffo** | diving |
| **la vela** | sailing |
| **il volo a vela** | hang-gliding |

## l'attrezzatura — equipment

| | |
|---|---|
| **la barca a vela** | sailing boat |
| **il bastone da hockey** | hockey stick |
| **la bicicletta** | bicycle |
| **la boccia** | bowl |
| **la canna da pesca** | fishing rod |
| **la canoa** | canoe |
| **il cronometro** | stopwatch |
| **i guantoni (da boxe)** | boxing gloves |
| **la mazza** | bat (*baseball/cricket*) |
| **la mazza da golf** | golf club |
| **la palla, il pallone** | ball |
| **le parallele** | parallel bars |
| **i pattini** | skates |
| **la racchetta (da tennis)** | (tennis) racket |
| **la rete** | net |
| **le scarpe da football** | football boots |
| **gli sci** | skis |
| **la sella** | saddle |
| **il surf** (*inv*) | surfboard |
| **la tavola a vela** | sailboard |

## luoghi e strutture — places

| | |
|---|---|
| **il campo** | course, court, field, ground, pitch |
| **il campo da golf** | golf course |

| | |
|---|---|
| **il campo da hockey** | hockey field |
| **il campo da tennis** | tennis court |
| **il campo di calcio** | football pitch |
| **il campo sportivo** | sports ground |
| **il centro sportivo** | sports centre |
| **le docce** | showers |
| **la piscina** | swimming pool |
| **la pista** | rink, slope, track |
| **la pista ciclabile** | cycle track |
| **la pista da pattinaggio** | ice-rink |
| **la pista da sci** | ski slope |
| **gli spogliatoi** | changing rooms |
| **lo stadio** | stadium |
| **il trampolino** | diving board |

## le competizioni — competing

| | |
|---|---|
| **l'allenamento** | training |
| **la squadra (vincitrice)** | (winning) team |
| **la corsa** | race |
| **la tappa** | stage |
| **la mischia** | scrum |
| **la gara a cronometro** | time-trial |
| **lo sprint** (*inv*) | sprint |
| **la partita** | match |
| **l'intervallo** | half-time |
| **il gol** (*inv*) | goal |
| **il punteggio** | score |
| **il pareggio** | draw |
| **il tempo supplementare** | extra time |
| **il calcio di rigore** | penalty kick |
| **il gioco** | game |
| **la maratona** | marathon |
| **una gara, una competizione** | sporting event, race, competition |
| **il campionato** | championship |
| **un torneo** | tournament, competition |
| **un raduno** | meeting, rally |
| **la batteria, l'eliminatoria** | heat |
| **la finale** | final |

| | |
|---|---|
| **il primato, il record** (*inv*) **(mondiale)** | (world) record |
| **i Giochi Olimpici** | Olympic Games |
| **Il Campionato Mondiale di Calcio** | World Cup |
| **la medaglia** | medal |
| **la coppa** | cup |

## i partecipanti — participants

| | |
|---|---|
| **un'ala** | winger |
| **un/un'alpinista** | mountaineer |
| **un/un'atleta** | athlete |
| **un calciatore/una calciatrice** | football player |
| **un/una ciclista** | (racing) cyclist |
| **un corridore** | runner |
| **un giocatore/ una giocatrice di...** | ... player |
| **un pattinatore/una pattinatrice** | skater |
| **un portiere** | goalkeeper |
| **un/una pugile** | boxer |
| **uno sciatore/una sciatrice** | skier |
| **una sportiva** | sportswoman |
| **uno sportivo** | sportsman |
| **un/una tennista** | tennis player |
| **un tuffatore/una tuffatrice** | diver |
| **l'arbitro** | referee |
| **l'allenatore/l'allenatrice** | coach |
| **il campione/la campionessa** | champion |
| **il secondo/la seconda in classifica** | runner-up |
| **il maestro/la maestra di sci** | ski instructor |
| **l'istruttore/l'istruttrice di nuoto** | swimming instructor |
| **il tifoso/la tifosa** | supporter |
| **il vincitore/la vincitrice** | winner |
| **il/la perdente** | loser |

**fa molto sport**
he/she does a lot of sport

**facciamo una partita di tennis!**
let's have a game of tennis!

**a scuola facciamo attività sportive il martedì**
at school we have games every Tuesday

**ci sono state delle belle azioni nel primo tempo**
there was some good play in the first half

**è cintura nera di judo**
he/she's a black-belt in judo

**le due squadre hanno pareggiato**
the two teams drew

**hanno dovuto giocare i tempi supplementari**
they had to go into extra time

**il corridore ha tagliato il traguardo**
the runner crossed the finishing line

**Pronti! Attenti! Via!**
ready, steady, go!

See also section **2 CLOTHES**

# 20. IL TEMPO LIBERO
## LEISURE AND HOBBIES

| | |
|---|---|
| **interessarsi a** | to be interested in |
| **divertirsi** | to enjoy oneself |
| **annoiarsi** | to be bored |
| | |
| **leggere** | to read |
| **disegnare** | to draw |
| **dipingere** | to paint |
| **avere l'hobby del fai-da-te** | to do DIY |
| **costruire** | to build |
| **fare fotografie** | to do photography |
| **collezionare** | to collect |
| **cucinare** | to cook |
| **fare il giardinaggio** | to do gardening |
| **cucire** | to sew |
| **lavorare a maglia** | to knit |
| **ballare** | to dance |
| **cantare** | to sing |
| **giocare (a)** | to play (*game*) |
| **suonare** | to play (*musical instrument*) |
| **partecipare (a)** | to take part in |
| **vincere** | to win |
| **perdere** | to lose |
| **battere** | to beat |
| **barare, imbrogliare** | to cheat |
| | |
| **fare delle passeggiate** | to go for walks |
| **fare un giro in bicicletta** | to go for a cycle ride |
| **andare in bicicletta** | to cycle |
| **fare un giro in macchina** | to go for a run in the car |
| **andare a pesca** | to go fishing |
| | |
| **interessante** | interesting |
| **entusiasmante** | fascinating, exciting |
| **appassionato di** | very keen on |
| **noioso** | boring |

| | |
|---|---|
| **gli hobby** | hobbies |
| **un passatempo** | pastime |
| **il tempo libero** | spare time |
| **la lettura** | reading |
| **il libro** | book |
| **un libro di fumetti** | comic book |
| **una rivista** | magazine |
| **la poesia** | poetry, poem |
| **la pittura** | painting |
| **il pennello** | brush |
| **la scultura** | sculpture |
| **la ceramica** | pottery |
| **il fai-da-te** | DIY |
| **il modellismo** | model-making |
| **il martello** | hammer |
| **il cacciavite** (*inv*) | screwdriver |
| **il chiodo** | nail |
| **la vite** | screw |
| **il trapano** | drill |
| **la sega** | saw |
| **la lima** | file |
| **la colla** | glue |
| **la vernice** | paint |
| **la fotografia** | photography |
| **una foto(grafia)** | photo(graph) |
| **la macchina fotografica** | camera |
| **un rullino** | film |
| **il cinema** (*inv*) | cinema |
| **la cinepresa** | cine-camera |
| **il video** (*inv*) | video |
| **l'informatica** | computing |
| **il computer** (*inv*) | computer |
| **i giochi per il computer** | computer games |
| **la filatelia** | stamp collecting |
| **un francobollo** | stamp |
| **un album** (*inv*) | album, scrapbook |
| **una collezione** | collection |

| | |
|---|---|
| **la cucina** | cooking |
| **una ricetta** | recipe |
| | |
| **il taglio e cucito** | dressmaking |
| **la macchina da cucire** | sewing machine |
| **l'ago** | needle |
| **il filo** | thread |
| **il ditale** | thimble |
| **il (carta)modello** | pattern |
| **le forbici** | scissors |
| **il lavoro a maglia** | knitting |
| **il ferro** | knitting needle |
| **un gomitolo di lana** | ball of wool |
| **l'uncinetto** | crochet |
| **il ricamo** | embroidery |
| | |
| **il ballo** | dancing |
| **il balletto** | ballet |
| **la musica** | music |
| **il canto** | singing |
| **una canzone** | song |
| **il coro** | choir |
| **il piano(forte)** | piano |
| **il violino** | violin |
| **il violoncello** | cello |
| **il clarinetto** | clarinet |
| **il flauto** | flute |
| **il flauto diritto** | recorder |
| **la chitarra** | guitar |
| **il tamburo** | drum |
| **la batteria** | drums |
| **il basso** | bass |
| | |
| **un gioco** | game |
| **un giocattolo** | toy |
| **un gioco di società** | board game |
| **gli scacchi** | chess |
| **la dama** | draughts |
| **un puzzle** (*inv*) | jigsaw |
| **le carte** | cards |

| | |
|---|---|
| **un dado** | dice |
| **una scommessa** | bet |
| **una gita, un'escursione** | excursion, outing, hike |
| **il ciclismo** | cycling |
| **l'ornitologia** | birdwatching |

**mi piace leggere/lavorare a maglia**
I like reading/knitting

**Raimondo è molto bravo nei lavori manuali**
Raimondo is very good with his hands

**Elena è un'appassionata di cinema**
Elena is very keen on the cinema

**faccio un corso di danza**
I take ballet lessons

**a chi tocca? - tocca a te**
whose turn is it? - it's your turn

See also sections **19 SPORT, 21 MEDIA, 22 EVENINGS OUT** and **43 CAMPING**

# 21. I MASS MEDIA
THE MASS MEDIA

| | |
|---|---|
| **ascoltare** | to listen to |
| **sentire** | to hear |
| **guardare** | to watch |
| **vedere** | to see |
| **leggere** | to read |
| **sfogliare** | to leaf through |
| **dare una scorsa a** | to glance through |
| **accendere** | to switch on |
| **spegnere** | to switch off |
| **alzare/abbassare il volume** | to turn the volume up/down |
| **cambiare canale** | to switch over |
| **trasmettere** | to broadcast |
| **andare in onda** | to go on the air, to be broadcast |

## la radio — radio

| | |
|---|---|
| **una radio** (*inv*) | radio |
| **un transistor** (*inv*) | transistor radio |
| **un walkman** (*R*) (*inv*) | walkman (*R*) |
| **un riproduttore portatile** | personal stereo |
| **una trasmissione radio(fonica)** | (radio) broadcast/programme |
| **il giornale radio** | news bulletin |
| **le notizie** | news |
| **un'intervista** | interview |
| **un quiz** (*inv*) **radiofonico** | radio quiz |
| **la hit-parade** (*inv*) | charts |
| **un 45 giri** | a single |
| **un 33 giri** | an LP |
| **un comunicato commerciale** | commercial (*radio*) |
| **un ascoltatore/un'ascoltatrice** | listener |
| **la ricezione** | reception |
| **un'interferenza** | interference |

## la televisione — television

| | |
|---|---|
| **la TV** (*inv*) | TV |
| **la televisione a colori** | colour television |
| **la televisione in bianco e nero** | black and white television |
| **il televisore** | television set |
| **lo schermo** | screen |
| **l'antenna** | aerial |
| **il telecomando** | remote control |
| **il canale** | channel |
| **un programma** | programme |
| **il telegiornale** | television news |
| **un film** (*inv*) | film |
| **un documentario** | documentary |
| **un telefilm** (*inv*) **a puntate** | series |
| **una soap opera** (*inv*) | soap opera |
| **una puntata** | episode |
| **uno spot** (*inv*) **pubblicitario** | commercial (*TV*) |
| **l'annunciatore/ l'annunciatrice** | newsreader, announcer |
| **il presentatore/ la presentatrice** | announcer, presenter |
| **un telespettatore/ una telespettatrice** | viewer |
| **la televisione via cavo** | cable TV |
| **un videoregistratore** | video recorder |

## la stampa — press

| | |
|---|---|
| **un giornale** | newspaper |
| **un quotidiano** | daily |
| **il giornale del mattino/della sera** | morning/evening paper |
| **un settimanale** | weekly |
| **una rivista** | magazine |
| **la stampa scandalistica** | gutter press |
| **un/una giornalista** | journalist |
| **un/una cronista** | reporter |
| **un/una corrispondente** | correspondent |

| | |
|---|---|
| **il redattore/la redattrice capo** | chief editor |
| **un reportage** (*inv*) | press report |
| **un articolo** | article |
| **i titoli** | headlines |
| **una rubrica** | (regular) column |
| **la rubrica sportiva** | sports column |
| **la posta del cuore** | agony column |
| **un annuncio pubblicitario** | advertisement |
| **la pubblicità** (*inv*) | advertising |
| **le inserzioni** | classified ads |
| **una conferenza stampa** | press conference |
| **un'agenzia di stampa** | news agency |
| **la tiratura** | circulation |

**sulle onde corte/medie/lunghe**
on short/medium/long wave

**alla radio**
on the radio/air

**cosa c'è stasera alla TV?**
what's on TV tonight?

**mi sono sintonizzato sul canale 4**
I tuned in to Channel 4

**in diretta da Wimbledon**
live from Wimbledon

# 22. UNA SERATA FUORI
## AN EVENING OUT

| | |
|---|---|
| **uscire** | to go out |
| **incontrarsi** | to meet |
| **andare a ballare** | to go dancing |
| **andare a vedere** | to go and see |
| **invitare** | to invite |
| **prenotare** | to book |
| **applaudire** | to applaud |
| **divertirsi** | to enjoy oneself |
| **annoiarsi** | to be bored |
| **tornare a casa** | to go/come home |
| **accompagnare** | to accompany |
| **offire** | to offer |
| **ordinare** | to order |
| **raccomandare** | to recommend |
| **da solo/a** | alone |
| **assieme a, insieme a** | (together) with |

### gli spettacoli — shows

| | |
|---|---|
| **il teatro** | theatre |
| **un costume** | costume |
| **il palcoscenico** | stage |
| **la scena** | set |
| **le quinte** | wings |
| **il sipario** | curtain |
| **il guardaroba** (*inv*) | cloakroom |
| **l'orchestra** | orchestra |
| **un posto** | seat |
| **la platea** | stalls |
| **la prima galleria** | dress circle |
| **un palco** | box |
| **il loggione** | gods |
| **l'intervallo** | interval |
| **il programma** | programme |
| **il botteghino** | box office |

| | |
|---|---|
| **la rappresentazione** | performance (*presentation*) |
| **l'interpretazione (*f*)** | performance (*by actor*) |
| **l'esecuzione (*f*)** | performance (*of musical piece*) |
| **la prima** | first night, première |
| **un lavoro teatrale** | play |
| **un dramma** | drama |
| **una commedia** | comedy |
| **una tragedia** | tragedy |
| **un'opera (lirica)** | opera |
| **un'operetta** | operetta |
| **il balletto** | ballet |
| **un concerto di musica classica** | classical music concert |
| **un concerto rock** | rock concert |
| **uno spettacolo** | show |
| **il circo** | circus |
| **i fuochi d'artificio** | fireworks |
| **gli spettatori, il pubblico** | audience |
| **la maschera** | usher, usherette |
| **l'attore/l'attrice** | actor/actress |
| **il ballerino/la ballerina** | dancer |
| **il direttore d'orchestra** | conductor |
| **un/una musicista** | musician |
| **un/un'illusionista** | magician |
| **un pagliaccio** | clown |

## il cinema — cinema

| | |
|---|---|
| **il cinema** (*inv*) | cinema |
| **un film** (*inv*) | film |
| **la biglietteria** | ticket office |
| **lo spettacolo** | showing |
| **il biglietto** | ticket |
| **lo schermo** | screen |
| **il proiettore** | projector |
| **un cartone animato** | cartoon |
| **un documentario** | documentary |
| **un film storico** | historical film |

| | |
|---|---|
| **un film dell'orrore** | horror film |
| **un film di fantascienza** | science fiction film |
| **un film poliziesco** | detective film |
| **un western** (*inv*) | western |
| **i sottotitoli** | subtitles |
| **il doppiaggio** | dubbing |
| **un film in bianco e nero** | black and white film |
| **il/la regista** | director |
| **un divo/una diva (del cinema)** | (film) star |

## le discoteche e i balli — discos and dances

| | |
|---|---|
| **un ballo** | dance |
| **una sala da ballo** | dance hall |
| **una discoteca** | disco(theque) |
| **un nightclub** (*inv*) | nightclub |
| **un bar** (*inv*) | bar |
| **un disco** | record |
| **la pista da ballo** | dance floor |
| **il rock and roll** | rock-and-roll |
| **un gruppo pop** | pop group |
| **la musica folk** | folk (music) |
| **un lento** | slow number |
| **un/una disc-jockey** (*inv*) | DJ |
| **un/una cantante** | singer |
| **il buttafuori** (*inv*) | bouncer |

## cenare fuori — eating out

| | |
|---|---|
| **un ristorante** | restaurant |
| **una trattoria** | (small) restaurant |
| **un pub** (*inv*) | pub |
| **una pizzeria** | pizzeria |
| **una tavola calda** | snack bar |
| **il fast food** (*inv*) | fast food |
| **il cameriere/la cameriera** | waiter/waitress |
| **il menù** (*inv*) | menu |

| | |
|---|---|
| **il piatto del giorno** | dish of the day |
| **la lista dei vini** | wine list |
| **il conto** | bill |
| **la mancia** | tip |
| **un ristorante cinese/indiano** | Chinese/Indian restaurant |
| **un ristorante italiano** | Italian restaurant |

## gli inviti — invitations

| | |
|---|---|
| **gli invitati** | guests |
| **l'ospite** (*mf*) | host, guest |
| **un regalo** | present |
| **un mazzo di fiori** | a bunch of flowers |
| **una scatola di cioccolatini** | a box of chocolates |
| **un drink** (*inv*) | drink |
| **le patatine** | crisps |
| **le noccioline (americane)** | peanuts |
| **una festa** | party |
| **il compleanno** | birthday |
| **le candeline** | candles |

**bis!**
encore!

**vuoi ballare?**
would you like to dance?

**il servizio è compreso**
service included

**cosa danno al cinema stasera?**
what's showing at the cinema tonight?

See also section **16 FOOD**

# 23. LA MIA CAMERA
## MY ROOM

| | |
|---|---|
| **il pavimento** | floor |
| **la moquette** (*inv*) | (fitted) carpet |
| **il soffitto** | ceiling |
| **il muro, la parete** | wall |
| **la porta** | door |
| **la finestra** | window |
| **le tende** | curtains |
| **le persiane** | shutters |
| **le veneziane** | Venetian blinds |
| **la persiana avvolgibile** | rolling shutter |
| **la carta da parati** | wallpaper |

## i mobili — furniture

| | |
|---|---|
| **il letto** | bed |
| **il copriletto** | bedspread |
| **il comodino** | bedside table |
| **il cassettone** | chest of drawers |
| **la toilette** (*inv*) | dressing table |
| **l'armadio** | wardrobe, cupboard |
| **la scrivania** | desk |
| **la sedia, la seggiola** | chair |
| **lo sgabello** | stool |
| **la poltrona** | armchair |
| **il divano** | sofa |
| **gli scaffali** | shelves |
| **la libreria** | bookcase |

## gli oggetti — objects

| | |
|---|---|
| **la lampada** | lamp |
| **la lampada da comodino** | bedside lamp |
| **il paralume** | lampshade |
| **la sveglia** | alarm clock |
| **la radiosveglia** | radio alarm |

## 23 LA MIA CAMERA

| | |
|---|---|
| **un tappeto** | rug |
| **un poster** (*inv*) | poster |
| **un quadro** | picture |
| **una fotografia** | photograph |
| **uno specchio** | mirror |
| **un libro** | book |
| **una rivista** | magazine |
| **un fumetto** | comic |
| **un diario, un'agenda** | diary |
| **un gioco** | game |
| **un giocattolo** | toy |

See also sections **15 DAILY ROUTINE** and **24 THE HOUSE**

# 24. LA CASA
THE HOUSE

| | |
|---|---|
| **abitare** | to live |
| **traslocare** | to move |
| **cambiar casa** | to move (into a new house) |
| **dare in affitto** | to let |
| **prendere in affitto** | to rent |
| **l'affitto** | rent |
| **un mutuo** | mortgage |
| **il trasloco** | removal |
| **l'inquilino/a** | tenant |
| **il proprietario/ la proprietaria** | owner |
| **il portinaio/la portinaia** | caretaker |
| **l'addetto al trasloco** | removal man |
| **la casa** | house |
| **un edificio** | building |
| **un grattacielo** | skyscraper |
| **una villetta** | detached house (small) |
| **una villa** | country house, villa |
| **una villetta bifamiliare** | semi-detached house |
| **le villette a schiera** | terraced houses |
| **un alloggio popolare** | council flat |
| **un caseggiato** | block of flats |
| **un monolocale** | studio flat |
| **un appartamento (ammobiliato)** | (furnished) flat |

## le parti della casa — parts of the house

| | |
|---|---|
| **il seminterrato** | basement |
| **il pianterreno** | ground floor |
| **il primo piano** | first floor |
| **la soffitta** | loft |
| **la cantina** | cellar |

| | |
|---|---|
| **una stanza, un locale** | room |
| **la mansarda** | attic room |
| **il piano** | floor/storey |
| **il pianerottolo** | landing |
| **le scale** | stairs |
| **un gradino** | step |
| **il corrimano** | bannister |
| **l'ascensore** (*m*) | lift |
| **il muro** | wall |
| **il tetto** | roof |
| **la tegola** | roof tile |
| **il camino** | chimney |
| **il caminetto** | fireplace |
| **la porta** | door |
| **la porta d'ingresso** | front door |
| **la finestra** | window |
| **il davanzale (della finestra)** | (window) sill |
| **la vetrata** | big window |
| **la portafinestra** | French window |
| **il balcone** | balcony (*small*) |
| **il terrazzo** | balcony (*large*), patio |
| **il cortile** | courtyard |
| **il garage** (*inv*) | garage |
| **(il piano) di sopra** | upstairs |
| **(il piano) di sotto** | downstairs |
| **dentro** | inside |
| **fuori** | outside |

## le stanze — the rooms

| | |
|---|---|
| **una stanza** | room |
| **l'ingresso** | entrance (hall) |
| **il corridoio** | hall |
| **la zona giorno/notte** | living/sleeping area |
| **la cucina** | kitchen |
| **la stanza da pranzo** | dining room |
| **il tinello** | small dining room |
| **il soggiorno** | living room |

| | |
|---|---|
| **il salotto** | sitting room, lounge |
| **lo studio** | study |
| **la biblioteca** | library |
| **la camera da letto** | bedroom |
| **il bagno** | bathroom |
| **il gabinetto** | toilet |
| **la veranda** | veranda |
| **un angolo** | corner |

## i mobili — furniture

| | |
|---|---|
| **una sedia** | chair |
| **una poltrona** | armchair |
| **una sedia a dondolo** | rocking chair |
| **un divano** | sofa |
| **un tavolo** | table |
| **un tavolino** | coffee table |
| **una credenza** | dresser, cupboard |
| **una libreria** | bookcase |
| **un buffet** (*inv*) | sideboard |
| **un carrello (portavivande)** | trolley |
| **una scrivania** | desk |
| **gli scaffali** | shelves |
| **il pianoforte** | piano |
| **il letto** | bed |
| **l'armadio (guardaroba)** | wardrobe |
| **la doccia** | shower |
| **il lavabo** | washbasin |
| **la vasca da bagno** | bathtub |
| **il bidé** (*inv*) | bidet |
| **il water** (*inv*) | W.C |
| **un armadietto del bagno** | bathroom cabinet |

## gli oggetti e gli accessori — objects and fittings

| | |
|---|---|
| **l'antenna** | aerial |
| **un attaccapanni** (*inv*) | coat rack |
| **la bilancia (pesapersone)** | bathroom scales |

| | |
|---|---|
| **(il buco del)la serratura** | keyhole |
| **un calorifero** | radiator |
| **il campanello** | doorbell |
| **la candela** | candle |
| **il candeliere** | candlestick |
| **la carta da parati** | wallpaper |
| **un cassetto** | drawer |
| **la cassetta delle lettere** | letterbox |
| **il catenaccio** | bolt |
| **il cestino (per la carta straccia)** | (wastepaper) basket |
| **una chiave** | key |
| **una cornice** | frame |
| **un cuscino** | cushion |
| **una fotografia** | photograph |
| **una spina** | plug (electric) |
| **una lampada** | lamp |
| **una lampada a stelo** | standard lamp |
| **un lampadario** | chandelier |
| **una lampadina** | bulb |
| **il lavandino** | sink |
| **una maniglia** | door-handle, door knob |
| **la moquette** (*inv*) | (fitted) carpet |
| **la pattumiera** | bin |
| **una piastrella** | tile |
| **un portacenere** (*inv*) | ashtray |
| **un portaombrelli** (*inv*) | umbrella stand |
| **un portariviste** (*inv*) | magazine rack |
| **un poster** (*inv*) | poster |
| **un quadro** | picture |
| **il riscaldamento centrale** | central heating |
| **un rubinetto** | tap |
| **la scala** | ladder |
| **un soprammobile** | ornament |
| **uno specchio** | mirror |
| **il tappetino da bagno** | bathmat |
| **un tappeto** | rug |
| **un tappo** | plug (*bath*) |
| **un vaso** | vase |
| **lo zerbino** | doormat |

| | |
|---|---|
| **una radio** (*inv*) | radio |
| **un televisore portatile** | portable television set |
| **uno stereo** (*inv*) | stereo |
| **un registratore a nastro/a cassette** | tape/cassette recorder |
| **un mangiacassette** (*inv*) | portable cassette player |
| **un giradischi** (*inv*) | record player |
| **un disco** | record |
| **una cassetta** | cassette |
| **un compact disk** (*inv*) | compact disc |
| **una macchina da scrivere** | typewriter |
| **un computer** (*inv*) | computer |
| **un videoregistratore** | video (recorder) |
| **una videocassetta** | video cassette |
| **un word processor** (*inv*) | word-processor |

## il giardino — the garden

| | |
|---|---|
| **l'orto** | vegetable garden |
| **il prato** | lawn |
| **l'erba** | grass |
| **le erbacce** | weeds |
| **un'aiuola** | flowerbed |
| **una serra** | greenhouse |
| **i mobili da giardino** | garden furniture |
| **una sedia a sdraio** | deckchair |
| **un lettino (pieghevole)** | lounger |
| **una carriola** | wheelbarrow |
| **un tosaerba** (*inv*) | lawnmower |
| **un annaffiatoio** | watering can |
| **il barbecue** (*inv*) | barbecue |
| **il vialetto** | path |
| **il recinto** | fence |
| **il cancello** | gate |

See also sections **17 HOUSEWORK** and **23 MY ROOM**

# 25. LA CITTÀ
THE CITY

| | |
|---|---|
| **una cittadina** | town |
| **una città** (*inv*) | city |
| **un paese, un villaggio** | village |
| | |
| **la periferia** | outskirts |
| **i sobborghi** | suburbs |
| **un quartiere, un rione** | district |
| **i dintorni** | surroundings |
| **la zona, l'area** | area |
| **un agglomerato (urbano)** | built-up area |
| **la zona industriale** | industrial estate |
| **una zona residenziale** | residential district |
| **il centro storico** | old town |
| **il centro** | town/city centre |
| **la casa dello studente** | university halls of residence |
| **una città dormitorio** | dormitory town |
| **i quartieri poveri** | slums |
| **i quartieri alti** | smart districts |
| **un viale** | avenue, boulevard |
| **un vicolo cieco** | cul-de-sac |
| **la circonvallazione** | ring road |
| **una piazza** | piazza, square |
| **una strada** | road |
| **una via** | street |
| **il corso** | main street |
| **un'isola pedonale** | pedestrian precinct |
| **un vicolo** | alleyway |
| **la carreggiata** | roadway |
| **il marciapiede** | pavement |
| **un posteggio, un parcheggio** | car park |
| **un parchimetro** | parking meter |
| **un sottopassaggio** | underpass, subway |
| **il lastricato** | paving |
| **la fognatura** | sewers |
| **un lampione** | streetlamp |

| | |
|---|---|
| **il parco** | park |
| **i giardini pubblici** | public gardens |
| **il cimitero** | cemetery |
| **un ponte** | bridge |
| **il porto** | harbour |
| **l'aeroporto** | airport |
| **la stazione (ferroviaria)** | (railway) station |
| **lo stadio** | stadium |

## gli edifici — buildings

| | |
|---|---|
| **un edificio** | building |
| **un caseggiato** | block (of flats) |
| **il municipio, il comune** | town hall |
| **il tribunale** | Law Courts |
| **il centro di informazioni turistiche** | tourist information office |
| **un ufficio postale** | post office |
| **una biblioteca** | library |
| **il commissariato (di polizia)** | police station |
| **la caserma dei carabinieri** | police station |
| **la questura** | police headquarters |
| **una scuola** | school |
| **una caserma** | barracks |
| **la caserma dei vigili del fuoco** | fire station |
| **una prigione** | prison |
| **una fabbrica** | factory |
| **un ospedale** | hospital |
| **una clinica** | clinic |
| **un centro culturale** | arts centre |
| **un teatro** | theatre |
| **un cinema(tografo)** | cinema |
| **un museo** | museum |
| **una galleria d'arte** | art gallery |
| **un castello** | castle |
| **un palazzo** | palace |
| **una torre** | tower |
| **una cattedrale, un duomo** | cathedral |
| **una chiesa** | church |

| | |
|---|---|
| **una cappella** | chapel |
| **un campanile** | steeple |
| **una sinagoga** | synagogue |
| **una moschea** | mosque |
| **un monumento** | monument |
| **un monumento commemorativo** | memorial |
| **il monumento ai caduti** | war memorial |
| **una statua** | statue |
| **una fontana** | fountain |

## la gente — people

| | |
|---|---|
| **i cittadini** | city dwellers |
| **un/un'abitante** | inhabitant |
| **un/una passante** | passer-by |
| **i pedoni** | pedestrians |
| **un/una turista** | tourist |

**abito alla periferia di Milano**
I live on the outskirts of Milan

**andiamo in città/in centro**
we're going to town

**fa il pendolare fra Pisa e Firenze**
he/she commutes between Pisa and Florence

See also sections **18 SHOPPING, 22 AN EVENING OUT, 26 CARS, 41 PUBLIC TRANSPORT, 45 GEOGRAPHICAL TERMS** and **64 DIRECTIONS**

# 26. L'AUTOMOBILE
## CARS

| | |
|---|---|
| **guidare** | to drive |
| **mettere in moto** | to start up |
| **rallentare** | to slow down |
| **frenare** | to brake |
| **accelerare** | to accelerate |
| **cambiar marcia** | to change gear |
| **fermarsi** | to stop |
| **parcheggiare** | to park |
| **sorpassare** | to overtake |
| **fare un'inversione a U** | to do a U-turn |
| **accendere i fari** | to switch on one's lights |
| **spegnere i fari** | to switch off one's lights |
| **lampeggiare** | to flash one's headlights |
| **abbagliare** | to dazzle |
| **attraversare** | to cross, to go through |
| **controllare** | to check |
| **dare la precedenza** | to give way |
| **avere la precedenza** | to have right of way |
| **suonare il clacson** | to hoot |
| **slittare** | to skid |
| **avere un guasto alla macchina** | to break down |
| **restare senza benzina** | to run out of petrol |
| **fare il pieno** | to fill up |
| **cambiare una ruota** | to change a wheel |
| **rimorchiare** | to tow |
| **riparare** | to repair |
| **commettere un'infrazione** | to commit an offence |
| **rispettare/oltrepassare il limite di velocità** | to keep to/to break the speed limit |
| **passare con il rosso** | to jump a red light |
| **non fermarsi allo stop** | to ignore a stop sign |
| **obbligatorio** | compulsory |
| **permesso, consentito** | allowed |
| **vietato** | forbidden |

## i veicoli — vehicles

| | |
|---|---|
| **l'auto(mobile)** (*f*), **la macchina** | car |
| **un'auto** (*inv*) **con il cambio automatico** | automatic |
| **un'auto usata** | second-hand car |
| **una vecchia carcassa** | old banger |
| **un'auto a due/cinque porte** | two/five-door car |
| **una familiare** | estate car |
| **una berlina** | saloon |
| **un'automobile da corsa** | racing car |
| **un'auto sportiva** | sports car |
| **un'auto a trazione anteriore** | front-wheel drive (car) |
| **un'auto a quattro ruote motrici** | four-wheel drive (car) |
| **un'auto con la guida a destra** | right-hand drive (car) |
| **una decappottabile** | convertible |
| **la cilindrata** | c.c. |
| **la marca** | make |
| **un taxi** (*inv*) | taxi |
| **un autotreno, un camion** (*inv*) | lorry |
| **un autoarticolato** | articulated lorry |
| **un furgone** | van |
| **il carro attrezzi** | breakdown lorry |
| **una moto(cicletta)** | motorbike |
| **un ciclomotore** | moped |
| **uno scooter** (*inv*) | scooter |
| **un camper** (*inv*) | Dormobile (R) |
| **una roulotte** (*inv*) | caravan |
| **un rimorchio** | trailer |

## gli utenti della strada — road users

| | |
|---|---|
| **un/un'automobilista** | motorist |
| **un guidatore/una guidatrice** | driver |

| | |
|---|---|
| **un guidatore spericolato** | reckless driver |
| **un guidatore della domenica** | Sunday driver |
| **un passeggero/ una passeggera** | passenger |
| **un/una tassista** | taxi driver |
| **un/una camionista** | lorry driver |
| **un/una motociclista** | motorcyclist |
| **un/una ciclista** | cyclist |
| **un/un'autostoppista** | hitch-hiker |
| **un/una pirata della strada** | hit-and-run driver |
| **un pedone** | pedestrian |

## le parti dell'auto — car parts

| | |
|---|---|
| **gli abbaglianti** | headlights on full beam |
| **l'acceleratore** (*m*) | accelerator |
| **l'accensione** (*f*) | ignition |
| **l'ammortizzatore** (*m*) | shock absorber |
| **gli anabbaglianti** | dipped headlights |
| **l'aria** | choke |
| **l'autoradio** (*f inv*) | car radio |
| **il bagagliaio** | boot |
| **la batteria** | battery |
| **una candela** | spark plug |
| **il carburatore** | carburettor |
| **la carrozzeria** | body |
| **la cinghia del ventilatore** | fanbelt |
| **la cintura di sicurezza** | seat belt |
| **il clacson** (*inv*) | horn |
| **il cofano** | bonnet |
| **il contachilometri** (*inv*) | mileometer |
| **il coprimozzo** | hub cap |
| **il cricco** | jack |
| **il cruscotto** | dashboard |
| **i fanali posteriori** | rear lights |
| **i fari** | headlights, lights |
| **i fari antinebbia** | fog lamps |
| **la fiancata** | wing |
| **il filtro** | filter |
| **il finestrino** | window |

| | |
|---|---|
| **la folle** | neutral |
| **i freni** | brakes |
| **il freno a mano** | handbrake |
| **la frizione** | clutch |
| **l'impianto elettrico** | electrical system |
| **il lampeggiatore** | indicator |
| **la leva del cambio** | gear lever |
| **le luci di posizione** | sidelights |
| **le marce** | gears |
| **il motore** | engine |
| **il motorino di avviamento** | starter motor |
| **il parabrezza** (*inv*) | windscreen |
| **il paraurti** (*inv*) | bumper |
| **il pedale** | pedal |
| **un pezzo di ricambio** | spare part |
| **il pneumatico** | tyre |
| **il portapacchi** (*inv*) | roof rack |
| **la portiera** | door |
| **la prima** | first gear |
| **le puntine** | points |
| **la quarta** | fourth gear |
| **la quinta** | fifth gear, overdrive |
| **il radiatore** | radiator |
| **la retromarcia** | reverse |
| **il riscaldamento** | heating |
| **la ruota** | wheel |
| **una ruota di scorta** | spare wheel |
| **la scatola del cambio** | gearbox |
| **la seconda** | second gear |
| **il sedile anteriore/posteriore** | front/back seat |
| **il serbatoio (della benzina)** | petrol tank |
| **la serratura** | lock |
| **la sospensione** | suspension |
| **lo specchietto retrovisore** | (rearview) mirror |
| **la spia dell'olio/della benzina** | oil/petrol gauge |
| **il tachimetro** | speedometer |
| **il tappo** | petrol cap |
| **la targa** | number plate |
| **il telaio** | chassis |

| | |
|---|---|
| **il tergicristallo** | windscreen wiper |
| **la terza** | third gear |
| **la trasmissione** | transmission |
| **il tubo di scappamento** | exhaust |
| **il volante** | steering wheel |
| **la benzina** | petrol |
| **la (benzina) normale** | two-star (petrol) |
| **la (benzina) super** | four-star (petrol) |
| **la benzina senza piombo** | unleaded petrol |
| **il carburante** | fuel |
| **la nafta** | diesel |
| **l'olio** | oil |
| **l'antigelo** (*inv*) | antifreeze |
| **i gas di scarico** | exhaust fumes |

## le difficoltà — problems

| | |
|---|---|
| **un garage** (*inv*) | garage |
| **un meccanico** | car mechanic |
| **la stazione di servizio** | petrol station |
| **il distributore di benzina** | petrol pump |
| **l'assicurazione** (*f*) | insurance |
| **la polizza di assicurazione** | insurance policy |
| **la patente (di guida)** | driving licence |
| **il libretto di circolazione** | car registration book |
| **la carta verde** | green card |
| **il bollo** | road tax disc |
| **il codice della strada** | Highway Code |
| **la velocità** (*inv*) | speed |
| **l'eccesso di velocità** | speeding |
| **un'infrazione** | offence |
| **la multa per divieto di sosta** | parking ticket |
| **la contravvenzione** | fine |
| **la precedenza** | right of way |
| **il cartello di divieto di sosta** | no parking sign |
| **una gomma a terra** | flat tyre |
| **un guasto al motore** | breakdown |
| **un imbottigliamento** | traffic jam |

**una deviazione** diversion
**lavori in corso** roadworks
**il ghiaccio** black ice
**la visibilità** visibility

## la guida / driving along

**il traffico** traffic
**una carta stradale** road map
**la strada** road
**una (strada) statale** main road
**una (strada) provinciale** B road
**l'autostrada** motorway
**la corsia d'emergenza** hard shoulder
**una strada a senso unico** one-way street
**una corsia** lane
**un cartello/un segnale stradale** road sign
**lo stop** (*inv*) stop sign
**il semaforo** traffic lights
**il marciapiede** pavement
**il passaggio pedonale** pedestrian crossing
**la curva** bend
**la banchina spartitraffico** central reservation
**un incrocio** crossroads
**il raccordo autostradale** motorway junction
**un bivio** junction
**una rotonda** roundabout
**il pedaggio** toll
**il casello (dell'autostrada)** toll station
**un autogrill** (*inv*) motorway café
**l'area di servizio** service area
**il passaggio a livello** level crossing
**il parchimetro** parking meter

**che macchina è? - è una Fiat**
what make is it? - it's a Fiat

**(mi faccia) il pieno, per favore**
fill her up please

**può controllare il livello dell'olio?**
could you check the oil?

**metti la terza!**
get into third gear!

**ha abbassato i fari**
he/she dipped his/her headlights

**andava a 110 (chilometri) all'ora**
he/she was doing 70 miles an hour

**in Italia si guida a destra**
in Italy, they drive on the right

**questa macchina fa ... chilometri con un litro**
this car does ... miles to the gallon

**allacciate le cinture!**
fasten your seat belt!

**gli hanno ritirato la patente**
he lost his driving licence

**ho avuto l'esame di guida lunedì - l'hai passato?**
I sat my driving test on Monday - did you pass?

**guardi che ha sbagliato strada**
you've gone the wrong way

See also section **51 ACCIDENTS**

# 27. LA NATURA
NATURE

| | |
|---|---|
| **crescere** | to grow |
| **fiorire** | to flower |
| **appassire** | to wither away |
| **abbaiare** | to bark |
| **belare** | to bleat |
| **miagolare** | to mew |
| **muggire** | to moo |
| **nitrire** | to neigh |

## il paesaggio — landscape

| | |
|---|---|
| **un campo** | field |
| **un prato** | meadow |
| **una foresta** | forest |
| **un bosco** | wood |
| **uno spiazzo** | clearing |
| **un frutteto** | orchard |
| **la brughiera** | moor |
| **una palude** | marsh |
| **un deserto** | desert |
| **la giungla** | jungle |

## le piante — plants

| | |
|---|---|
| **una pianta** | plant |
| **un albero** | tree |
| **un arbusto** | shrub |
| **un cespuglio** | bush |
| **una radice** | root |
| **il tronco** | trunk |
| **un ramo** | branch |
| **un ramoscello** | twig |
| **un germoglio** | shoot |
| **un bocciolo** | bud |
| **un fiore** | flower, blossom |

| | |
|---|---|
| **la foglia** | leaf |
| **il fogliame** | foliage |
| **la corteccia** | bark |
| **una pigna** | pine cone |
| **una castagna d'India** | horse chestnut |
| **una ghianda** | acorn |
| **una bacca** | berry |
| **il trifoglio** | clover |
| **un fungo (commestibile)** | (edible) mushroom |
| **un fungo velenoso** | toadstool |
| **le felci** | ferns |
| **l'erba** | grass |
| **l'erica** | heather |
| **l'agrifoglio** | holly |
| **l'edera** | ivy |
| **il vischio** | mistletoe |
| **il muschio** | moss |
| **una canna** | reed |
| **la vite** | vine |
| **la vigna** | vineyard |
| **le erbacce** | weeds |

## gli alberi — trees

| | |
|---|---|
| **una conifera** | conifer |
| **un albero a foglie caduche** | deciduous tree |
| **un sempreverde** | evergreen |
| **un abete** | fir tree |
| **un acero** | maple tree |
| **una betulla** | birch |
| **un castagno** | chestnut tree |
| **un cedro** | cedar |
| **un cipresso** | cypress |
| **un faggio** | beech |
| **un frassino** | ash tree |
| **un ippocastano** | horse chestnut tree |
| **un noce** | walnut tree |
| **un olmo** | elm |

| | |
|---|---|
| **un pino** | pine tree |
| **un pioppo** | poplar |
| **un platano** | plane tree |
| **una quercia** | oak |
| **un salice piangente** | weeping willow |
| **un tasso** | yew tree |

## gli alberi da frutto — fruit trees

| | |
|---|---|
| **un albicocco** | apricot tree |
| **un arancio** | orange tree |
| **un ciliegio** | cherry tree |
| **un fico** | fig tree |
| **un limone** | lemon tree |
| **un mandorlo** | almond tree |
| **un melo** | apple tree |
| **un pero** | pear tree |
| **un pesco** | peach tree |
| **un susino** | plum tree |

## i fiori — flowers

| | |
|---|---|
| **i fiori selvatici** | wild flowers |
| **il gambo** | stem |
| **il petalo** | petal |
| **il polline** | pollen |
| | |
| **un anemone** | anemone |
| **il biancospino** | hawthorn |
| **un bucaneve** (*inv*) | snowdrop |
| **il caprifoglio** | honeysuckle |
| **un ciclamino** | cyclamen |
| **un crisantemo** | chrysanthemum |
| **una dalia** | dahlia |
| **un dente di leone** | dandelion |
| **un fiordaliso** | cornflower |
| **un garofano** | carnation |
| **un gelsomino** | jasmine |
| **un geranio** | geranium |
| **un giacinto** | hyacinth |

| | |
|---|---|
| **un giaggiolo** | iris |
| **un giglio** | lily |
| **un girasole** | sunflower |
| **un lillà** (*inv*) | lilac |
| **una margherita** | daisy |
| **la mimosa** | mimosa |
| **un mughetto** | lily of the valley |
| **un narciso** | narcissus |
| **un non-ti-scordar-di-me** (*inv*) | forget-me-not |
| **un'orchidea** | orchid |
| **un papavero** | poppy |
| **una petunia** | petunia |
| **i piselli odorosi** | sweetpeas |
| **una primula** | primrose |
| **un ranuncolo** | buttercup |
| **un rododendro** | rhododendron |
| **una rosa** | rose |
| **un trombone** | daffodil |
| **un tulipano** | tulip |
| **una violetta** | violet |

## gli animali domestici — pets

| | |
|---|---|
| **un cane/una cagna** | dog/bitch |
| **un criceto** | hamster |
| **un cucciolo** | puppy |
| **un gattino** | kitten |
| **un gatto** | cat |
| **un pesce rosso** | goldfish |
| **un porcellino d'India** | guinea pig |

## gli animali della fattoria — farm animals

| | |
|---|---|
| **un agnello** | lamb |
| **un'anatra** | duck |
| **un anatroccolo** | duckling |

| | |
|---|---|
| **un asino** | donkey |
| **un bue (*pl* i buoi)** | ox |
| **una capra/un caprone** | nanny/billy-goat |
| **un capretto** | kid |
| **un cavallo/una cavalla** | horse, mare |
| **un coniglio** | rabbit |
| **un gallo/una gallina** | cock/hen |
| **un maiale/una scrofa** | pig/sow |
| **un montone, un ariete** | ram |
| **una mucca** | cow |
| **un mulo** | mule |
| **un'oca** | goose |
| **una pecora** | sheep, ewe |
| **un pulcino** | chick |
| **un puledro** | foal |
| **un tacchino** | turkey |
| **un toro** | bull |
| **un vitello** | calf |

## gli animali selvatici — wild animals

| | |
|---|---|
| **un mammifero** | mammal |
| **un pesce** | fish |
| **un rettile** | reptile |
| **la zampa** | leg, paw |
| **il muso** | snout (*of animal*), muzzle |
| **il grugno** | snout (*of pig*) |
| **la coda** | tail |
| **la proboscide** | trunk |
| **gli artigli** | claws |
| **un'antilope** | antelope |
| **una balena** | whale |
| **un bufalo** | buffalo |
| **un cammello** | camel |
| **un canguro** | kangaroo |
| **un castoro** | beaver |
| **un cervo** | stag |
| **un cinghiale** | wild boar |

| | |
|---|---|
| **un daino** | deer |
| **un delfino** | dolphin |
| **una donnola, una faina** | weasel |
| **un dromedario** | dromedary |
| **un elefante** | elephant |
| **una foca** | seal |
| **una gazzella** | gazelle |
| **una giraffa** | giraffe |
| **un ippopotamo** | hippopotamus |
| **un koala** (*inv*) | koala bear |
| **un leone/una leonessa** | lion(ess) |
| **un leopardo** | leopard |
| **una lepre** | hare |
| **un lupo** | wolf |
| **un orso** | bear |
| **un pescecane** | shark |
| **un ratto** | rat |
| **un riccio** | hedgehog |
| **una scimmia** | monkey |
| **uno scoiattolo** | squirrel |
| **uno squalo** | shark |
| **una tigre** | tiger |
| **un topo** | mouse |
| **una volpe** | fox |
| **una zebra** | zebra |

## i rettili ecc. — reptiles etc

| | |
|---|---|
| **un coccodrillo** | crocodile |
| **un alligatore** | alligator |
| **una lucertola** | lizard |
| **un serpente** | snake |
| **una biscia** | non-poisonous snake |
| **un serpente a sonagli** | rattlesnake |
| **una vipera** | adder |
| **un cobra** (*inv*) | cobra |
| **un (serpente) boa** (*inv*) | boa |
| **una rana** | frog |
| **i girini** | tadpoles |

| | |
|---|---|
| **un rospo** | toad |
| **una tartaruga** | tortoise, turtle |

## gli uccelli — birds

| | |
|---|---|
| **un uccello** | bird |
| **un uccello notturno** | night hunter |
| **un rapace** | bird of prey |
| **la zampa** | foot |
| **gli artigli** | talons |
| **l'ala** | wing |
| **il becco** | beak |
| **la piuma** | feather |
| **un airone** | heron |
| **un'allodola** | lark |
| **un'aquila** | eagle |
| **un avvoltoio** | vulture |
| **un canarino** | canary |
| **una cicogna** | stork |
| **un cigno** | swan |
| **una civetta** | owl |
| **una colomba** | dove |
| **un corvo** | crow |
| **un cucù** (*inv*) | cuckoo |
| **un fagiano** | pheasant |
| **un falco** | falcon |
| **un fenicottero** | flamingo |
| **un fringuello** | chaffinch |
| **un gabbiano** | seagull |
| **una gazza** | magpie |
| **un gufo** | owl |
| **un martin pescatore** | kingfisher |
| **un merlo** | blackbird |
| **un pappagallino** | budgerigar, budgie |
| **un pappagallo** | parrot |
| **un passero** | sparrow |
| **un pavone** | peacock |
| **un pettirosso** | robin |
| **un piccione** | pigeon |

| | |
|---|---|
| **un pinguino** | penguin |
| **una rondine** | swallow |
| **uno storno** | starling |
| **uno struzzo** | ostrich |
| **un usignolo** | nightingale |

## gli insetti — insects

| | |
|---|---|
| **un'ape** | bee |
| **un bombo** | bumblebee |
| **un bruco** | caterpillar |
| **una cavalletta** | grasshopper |
| **una cicala** | cicada |
| **una coccinella** | ladybird |
| **una falena** | moth |
| **una farfalla** | butterfly |
| **una formica** | ant |
| **un grillo** | cricket |
| **una libellula** | dragonfly |
| **una mosca** | fly |
| **un moscerino** | midge |
| **una pulce** | flea |
| **un ragno** | spider |
| **uno scarafaggio** | cockroach |
| **un tarlo** | woodworm |
| **una tarma** | clothes moth |
| **una vespa** | wasp |
| **una zanzara** | mosquito |

See also sections **44 THE SEASIDE** and **45 GEOGRAPHICAL TERMS**

## 28. CHE TEMPO FA?
## WHAT'S THE WEATHER LIKE?

| | |
|---|---|
| **piovere** | to rain |
| **piovigginare** | to drizzle |
| **nevicare** | to snow |
| **gelare** | to be freezing, to freeze (over) |
| **ghiacciare** | to freeze (over) |
| **grandinare** | to hail |
| **soffiare** | to blow |
| **splendere** | to shine |
| **sciogliersi** | to melt |
| **peggiorare** | to get worse |
| **migliorare** | to improve |
| **cambiare** | to change |
| **schiarirsi** | to clear up |
| | |
| **coperto** | overcast |
| **nuvoloso** | cloudy |
| **sereno, limpido** | clear |
| **tempestoso** | stormy |
| **afoso** | muggy |
| **asciutto** | dry |
| **caldo** | warm, hot |
| **freddo** | cold |
| **mite** | mild |
| **bello** | pleasant |
| **brutto** | bad |
| **orrendo, spaventoso** | awful |
| **variabile** | changeable |
| **umido** | damp |
| **piovoso** | rainy |
| | |
| **al sole** | in the sun |
| **all'ombra** | in the shade |
| | |
| **il tempo** | weather |
| **la temperatura** | temperature |
| **la meteorologia** | meteorology |

| | |
|---|---|
| **le previsioni del tempo** | weather forecast |
| **il bollettino meteorologico** | weather report |
| **il clima** | climate |
| **l'atmosfera** | atmosphere |
| **la pressione atmosferica** | atmospheric pressure |
| **un miglioramento** | improvement |
| **un peggioramento** | worsening |
| **il termometro** | thermometer |
| **un grado** | degree |
| **il barometro** | barometer |
| **il cielo** | sky |

## la pioggia — rain

| | |
|---|---|
| **una goccia di pioggia** | raindrop |
| **un acquazzone** | downpour, shower |
| **un temporale** | (thunder)storm |
| **la grandine** | hail |
| **un chicco di grandine** | hailstone |
| **una nuvola** | cloud |
| **uno strato di nuvole** | cloud layer |
| **la rugiada** | dew |
| **una pioggerella** | drizzle |
| **la nebbia** | fog |
| **la foschia** | mist |
| **una pozzanghera** | puddle |
| **un'alluvione** | flood |
| **un tuono** | thunder |
| **un fulmine** | lightning |
| **un lampo** | (flash of) lightning |
| **una schiarita** | sunny interval |
| **l'arcobaleno** | rainbow |
| **la rugiada** | dew |
| **l'umidità** | humidity |

## il freddo — cold weather

| | |
|---|---|
| **il nevischio** | sleet |
| **la neve** | snow |
| **un fiocco di neve** | snowflake |

| | |
|---|---|
| **una nevicata** | snowfall |
| **una tormenta (di neve)** | snowstorm |
| **una valanga** | avalanche |
| **una palla di neve** | snowball |
| **uno spazzaneve** (*inv*) | snowplough |
| **un pupazzo di neve** | snowman |
| **il gelo** | frost |
| **il disgelo** | thaw |
| **la brina** | (hoar)frost |
| **il ghiaccio** | ice |

## il bel tempo — good weather

| | |
|---|---|
| **il sole** | sun |
| **un raggio di sole** | ray of sunshine |
| **il caldo** | heat |
| **un'ondata di caldo** | heatwave |
| **la canicola** | scorching heat |
| **la siccità** | drought |

## il vento — wind

| | |
|---|---|
| **una corrente d'aria** | draught |
| **una folata di vento** | gust of wind |
| **la tramontana** | North wind |
| **la brezza** | breeze |
| **un uragano** | hurricane |
| **un tornado** | tornado |
| **una tempesta** | storm |

**fa bel/brutto tempo**
the weather is good/bad

**ci sono 30° (30 gradi) all'ombra**
it's 85 (degrees) in the shade

**ci sono 20 gradi sotto zero**
it's minus 4

**piove (a catinelle)**
it's raining (cats and dogs)

**piove a dirotto**
it's pouring

**nevica**
it's snowing

**c'è il sole/la nebbia/il ghiaccio**
it's sunny/foggy/icy

**si gela in questa stanza!**
it's freezing in this room!

**sto morendo di caldo/di freddo**
I'm sweltering/freezing

**tira vento**
the wind's blowing

**splende il sole**
the sun's shining

**sta tuonando**
it's thundering

# 29. LA FAMIGLIA E GLI AMICI
## FAMILY AND FRIENDS

| **la famiglia** | the family |
|---|---|
| **i genitori** | parents |
| **un/una parente** | relative |
| **la madre** | mother |
| **il padre** | father |
| **la mamma** | mum |
| **il papà, il babbo** | dad |
| **i figli** | children (*sons and daughters*) |
| **i bambini** | children, kids, babies |
| **un bambino** | little boy, baby, child |
| **una bambina** | little girl, baby, child |
| **il figlio unico/la figlia unica** | only child |
| **la figlia** | daughter |
| **il figlio** | son |
| **i figli adottivi** | adopted sons/daughters |
| **i genitori adottivi** | adoptive parents |
| **la sorella** | sister |
| **la sorella gemella** | twin sister |
| **il fratello** | brother |
| **il fratello gemello** | twin brother |
| **la nonna** | grandmother |
| **il nonno** | grandfather |
| **i nonni** | grandparents |
| **i nipoti** | grandchildren, nephews and nieces |
| **la nipote** | granddaughter, niece |
| **il nipote** | grandson, nephew |
| **la bisnonna** | great-grandmother |
| **il bisnonno** | great-grandfather |
| **la moglie** | wife |
| **il marito** | husband |
| **la fidanzata** | fiancée |
| **il fidanzato** | fiancé |
| **la matrigna** | stepmother |
| **il patrigno** | stepfather |

| | |
|---|---|
| **la sorellastra** | stepdaughter |
| **il fratellastro** | stepson |
| **la suocera** | mother-in-law |
| **il suocero** | father-in-law |
| **il cognato** | brother in law |
| **la cognata** | sister-in-law |
| **la nuora** | daughter-in-law |
| **il genero** | son-in-law |
| **la zia** | aunt |
| **lo zio** | uncle |
| **il cugino/la cugina** | cousin |
| **la madrina (di battesimo)** | godmother |
| **il padrino (di battesimo)** | godfather |
| **la figlioccia** | goddaughter |
| **il figlioccio** | godson |

## gli amici — friends

| | |
|---|---|
| **un amico/un'amica** | friend |
| **un compagno/una compagna di scuola** | schoolfriend |
| **il ragazzo** | boyfriend |
| **la ragazza** | girlfriend |
| **il vicino/la vicina (di casa)** | neighbour |
| **un/una conoscente** | acquaintance |
| **un amico intimo/un'amica intima** | close friend |

**hai fratelli (o sorelle)?**
have you got any brothers and sisters?

**non ho nè fratelli nè sorelle**
I have no brothers or sisters

**sono figlio unico/figlia unica**
I'm an only child

**mia madre aspetta un bambino**
my mother is expecting a baby

**tua sorella/cugina/zia mi è molto simpatica**
I like your sister/cousin/aunt very much

**sono il/la maggiore**
I am the oldest

**il mio fratello maggiore ha 17 anni**
my big brother is 17

**la mia sorella maggiore fa la parrucchiera**
my eldest sister is a hairdresser

**bado alla mia sorellina**
I'm looking after my little sister

**il mio fratellino minore/più piccolo si succhia il pollice**
my youngest brother sucks his thumb

**Patrizia è la mia migliore amica**
Patrizia is my best friend

**non sono parenti**
they are not related

**vanno molto d'accordo**
they get on well

See also section **8 IDENTITY**

# 30. LA SCUOLA E L'ISTRUZIONE
## SCHOOL AND EDUCATION

| | |
|---|---|
| **andare a scuola** | to go to school |
| **studiare** | to study |
| **imparare** | to learn |
| **insegnare** | to teach |
| **fare l'appello** | to call the register |
| **imparare a memoria** | to learn by heart |
| **fare i compiti** | to do one's homework |
| **recitare una poesia** | to recite a poem |
| **domandare** | to ask |
| **rispondere** | to answer |
| **suggerire** | to whisper the answer |
| **andare alla lavagna** | to go to the blackboard |
| **sapere** | to know |
| **correggere** | to do the corrections, to mark |
| **prendere la sufficienza** | to get the pass-mark |
| **ripassare** | to revise |
| **fare un esame** | to sit an exam |
| **essere promosso/a** | to pass one's exams |
| **essere bocciato/a** | to fail an exam |
| **ripetere (l'anno)** | to repeat a year |
| **espellere** | to expel |
| **sospendere** | to suspend |
| **punire** | to punish |
| **marinare la scuola** | to play truant |
| **saltare (una lezione)** | to skive |

| | |
|---|---|
| **assente** | absent |
| **brillante** | brilliant |
| **capace** | able |
| **diligente** | hard-working |
| **distratto** | inattentive |
| **indisciplinato** | undisciplined |
| **intelligente** | clever |
| **presente** | present |
| **studioso** | studious |

| | |
|---|---|
| **l'asilo nido** | crèche |
| **l'asilo** | nursery school |
| **la scuola elementare** | primary school |
| **la scuola media inferiore** | secondary school (10-13) |
| **la scuola media superiore** | secondary school (13-18) |
| **un istituto tecnico** | technical college |
| **un collegio** | boarding school |
| **la scuola statale** | state school |
| **la scuola privata** | private school, public school |
| **una scuola serale** | night school |
| **l'università** (*f inv*) | university |

## a scuola — at school

| | |
|---|---|
| **una classe, un'aula** | classroom |
| **la direzione** | headmaster's office (*primary school*) |
| **la presidenza** | headmaster's office (*secondary school*) |
| **la biblioteca** | library |
| **il laboratorio** | laboratory |
| **il laboratorio linguistico** | language lab |
| **il refettorio** | dining hall |
| **la palestra** | gym(nasium) |
| **l'aula magna** | main hall |

## la classe — the classroom

| | |
|---|---|
| **un banco** | desk |
| **la cattedra** | teacher's desk |
| **un tavolo** | table |
| **una sedia** | chair |
| **un armadietto** | locker, cupboard |
| **la lavagna** | blackboard |
| **il gesso** | chalk |
| **il cancellino** | duster |
| **una cartella** | school-bag |
| **un quaderno** | exercise book |
| **un libro** | book |
| **un dizionario** | dictionary |
| **un astuccio** | pencilcase |

| | |
|---|---|
| **una penna a sfera** | ballpoint pen |
| **una biro** (*inv*) | biro |
| **una (penna) stilografica** | (fountain) pen |
| **una matita** | pencil |
| **un pennarello** | felt-tip pen |
| **un temperamatite** (*inv*) | pencil sharpener |
| **una gomma** | rubber |
| **un foglio di carta** | sheet of paper |
| **un pennello** | paint brush |
| **un tubetto di colori** | (tube of) paint |
| **le matite colorate** | colour pencils |
| **la carta da disegno** | drawing paper |
| **un righello** | ruler |
| **un compasso** | pair of compasses |
| **un goniometro** | protractor |
| **una squadra** | set-square |
| **un calcolatore** | pocket calculator |
| **un computer** (*inv*) | computer |

## la ginnastica — PE

| | |
|---|---|
| **gli anelli** | rings |
| **la fune** | rope |
| **le parallele** | parallel bars |
| **il cavallo** | horse |
| **il trampolino** | trampoline |
| **la rete** | net |
| **la palla, il pallone** | ball |

## gli insegnanti e gli allievi — teachers and pupils

| | |
|---|---|
| **un maestro/una maestra** | primary school teacher |
| **un/un'insegnante** | teacher |
| **il direttore/la direttrice** | headmaster/headmistress (*primary school*) |
| **il/la preside** | headmaster/headmistress (*secondary school*) |
| **un professore/ una professoressa** | teacher (*secondary school*), professor |

| | |
|---|---|
| **l'insegnante** (*mf*) **di italiano** | Italian teacher |
| **un allievo/un'allieva** | pupil |
| **un alunno/un'alunna** | pupil |
| **uno scolaro/una scolara** | schoolboy/girl |
| **uno studente/una studentessa** | student, secondary school pupil |
| **un/una collegiale** | boarder |
| **un esterno/un'esterna** | day-pupil |
| **un asino/un'asina** | dunce |
| **il primo/l'ultimo della classe** | top/bottom of the class |
| **un buon/pessimo allievo** | good/bad pupil |
| **un compagno/una compagna** | schoolfriend |

## l'insegnamento — teaching

| | |
|---|---|
| **il trimestre** | term |
| **l'orario** | timetable |
| **una materia** | subject |
| **una lezione** | lesson, class |
| **il programma (scolastico)** | syllabus |
| **una giustificazione** | excuse note |
| **la condotta** | behaviour |
| **un corso** | course, class |
| **una lezione di italiano** | Italian class |
| **il vocabolario** | vocabulary |
| **la grammatica** | grammar |
| **una regola di grammatica** | grammatical rule |
| **la coniugazione** | conjugation |
| **l'ortografia** | spelling |
| **la scrittura** | writing |
| **la lettura** | reading |
| **una poesia** | poem |
| **la matematica** | maths |
| **l'algebra** | algebra |
| **l'aritmetica** | arithmetic |
| **la geometria** | geometry |
| **un'addizione** | sum |
| **una sottrazione** | subtraction |

| | |
|---|---|
| **una moltiplicazione** | multiplication |
| **una divisione** | division |
| **un'equazione** | equation |
| **un problema** | problem |
| **un cerchio** | circle |
| **un triangolo** | triangle |
| **un quadrato** | square |
| **un rettangolo** | rectangle |
| **un angolo** | angle |
| **l'angolo retto** | right angle |
| **l'area, la superficie** | surface |
| **il volume** | volume |
| **il cubo** | cube |
| **il diametro** | diameter |
| | |
| **la storia** | history |
| **la geografia** | geography |
| **le scienze (naturali)** | science |
| **la biologia** | biology |
| **la chimica** | chemistry |
| **la fisica** | physics |
| | |
| **le lingue** | languages |
| **l'italiano** | Italian |
| **la filosofia** | philosophy |
| **un tema** | essay, composition |
| **una relazione** | essay, dissertation |
| **una traduzione** | translation |
| | |
| **la musica** | music |
| **il disegno** | drawing |
| **le applicazioni tecniche** | handicrafts |
| **l'educazione fisica, la ginnastica** | physical education |
| | |
| **i compiti** | homework |
| **un esercizio** | exercise |
| **una domanda** | question |
| **una risposta** | answer |
| **una prova scritta** | written test |

| | |
|---|---|
| **una prova orale, un'interrogazione** | oral test |
| **un esame** | exam(ination) |
| **uno sbaglio, un errore** | mistake |
| **un bel/brutto voto** | good/bad mark |
| **un risultato** | result |
| **la sufficienza** | pass mark |
| **la pagella** | report |
| **un premio** | prize |
| **una borsa di studio** | scholarship |
| **un certificato** | certificate |
| **un diploma** | diploma |
| **la maturità** | A level (equivalent) |
| **la laurea** | degree |
| **la disciplina** | discipline |
| **una punizione** | punishment |
| **l'intervallo** | break |
| **il campanello** | bell |
| **le vacanze scolastiche** | school holidays |
| **le vacanze di Natale** | Christmas holidays |
| **le vacanze di Pasqua** | Easter holidays |
| **l'inizio dell'anno scolastico** | beginning of school year |

**è suonato il campanello**
the bell has gone

**non ha consegnato in tempo**
he/she did not hand in his/her work on time

# 31. I SOLDI
## MONEY

| | |
|---|---|
| **comperare, comprare** | to buy |
| **vendere** | to sell |
| **spendere** | to spend |
| **farsi prestare (da)** | to borrow (from) |
| **prestare (a)** | to lend (to) |
| **dovere (a)** | to owe |
| **pagare** | to pay |
| **pagare con un assegno** | to pay by cheque |
| **pagare in contanti/a rate** | to pay cash/by instalments |
| **restituire i soldi (a)** | to pay back |
| **rimborsare** | to reimburse |
| **cambiare** | to change |
| **riscuotere un assegno** | to cash a cheque |
| **comprare a credito** | to buy on credit |
| **accreditare** | to credit |
| **fare credito** | to give credit |
| **prelevare dei soldi** | to withdraw money |
| **versare dei soldi** | to pay in money |
| **risparmiare** | to save money |
| **fare i propri conti** | to do one's accounts |
| **essere in rosso** | to be in the red |
| **ricco** | rich |
| **povero** | poor |
| **al verde** | broke |
| **miliardario** | millionaire (*equiv*) |
| **i soldi, il denaro** | money |
| **una moneta** | coin |
| **una banconota** | banknote |
| **i contanti** | cash |
| **gli spiccioli** | change (*coins*) |
| **il resto** | change (*money returned*) |
| **un borsellino** | purse |
| **un portafoglio** | wallet |
| **i risparmi** | savings |

| | |
|---|---|
| **una spesa** | expense |
| | |
| **la banca** | bank |
| **la cassa di risparmio** | savings bank |
| **un cambiavalute** (*inv*) | foreign exchange office |
| **il tasso di cambio** | exchange rate |
| **la cassa** | till, cashdesk, cashier's desk |
| **lo sportello** | counter |
| **lo sportello automatico** | cash dispenser |
| | |
| **un conto in banca** | bank account |
| **un conto corrente** | current account, giro |
| **un conto corrente postale** | Giro account |
| **un prelievo** | withdrawal |
| **un versamento (bancario)** | bank payment |
| **un postagiro** | postal giro |
| **un libretto di risparmio** | savings account |
| **un deposito bancario** | deposit account |
| **un trasferimento bancario** | transfer |
| | |
| **un direttore di banca** | bank manager |
| **un impiegato di banca** | bank clerk |
| | |
| **la carta di credito** | credit card |
| **la carta assegni** | cheque card |
| **un assegno** | cheque |
| **il libretto degli assegni** | chequebook |
| **un travellers cheque** (*inv*) | traveller's cheque |
| **un eurocheque** (*inv*) | Eurocheque |
| **un modulo** | form |
| **un vaglia** (*inv*) **postale** | postal order |
| | |
| **il credito** | credit |
| **il debito** | debt |
| **il prestito** | loan |
| **gli interessi** | interest |
| **l'estratto conto** | bank statement |
| **il mutuo** | mortgage |
| | |
| **la valuta** | currency |
| **la Borsa** | Stock Exchange |
| **un'azione** | share |

| | |
|---|---|
| **l'inflazione** (*f*) | inflation |
| **il costo della vita** | cost of living |
| **la tassa, l'imposta** | tax |
| **l'IVA** (*f*) | VAT |
| **il bilancio** | budget |
| **il franco** | franc |
| **il marco** | mark |
| **la lira** | lira |
| **la (lira) sterlina** | pound sterling |
| **un penny** (*inv*) | pence |
| **il dollaro** | dollar |

**un biglietto/una banconota da 10.000 lire**
a 10,000 lire note

**vorrei cambiare 50.000 lire in sterline**
I'd like to change 50,000 lire into pounds

**sto risparmiando per comprarmi una moto**
I'm saving up to buy a motorbike

**ho uno scoperto di 10 milioni (di lire)**
I have an overdraft of 10 million lire

**gli devo 20.000 lire**
I owe him 20,000 lire

**mi sono fatto/a prestare 10.000 lire da mio padre**
I borrowed 10,000 lire from my father

**puoi farmi un prestito?**
can I borrow some money from you?

**sono al verde**
I'm broke

**faccio fatica a sbarcare il lunario**
I find it hard to make ends meet

See also sections **10 JOBS AND WORK** and **18 SHOPPING**

# 32. GLI ARGOMENTI DI ATTUALITÀ
## TOPICAL ISSUES

**discutere (di)** to discuss, to argue
**polemizzare (su)** to argue (about)
**protestare** to protest
**litigare** to argue, to quarrel
**criticare** to criticise
**difendere** to defend (*an opinion*)
**sostenere** to maintain, to uphold
**persuadere, convincere** to persuade
**valutare** to weigh (up)
**pensare** to think
**credere** to believe

**per** for
**contro** against
**favorevole a** in favour of
**contrario a** opposed to
**intollerante** intolerant
**di larghe vedute** broad-minded

**un argomento** topic, subject
**un problema** problem
**un litigio** argument (*quarrel*)
**una dimostrazione** demonstration

**la società** (*inv*) society
**i pregiudizi** prejudice
**la morale** morals
**la mentalità** (*inv*) mentality

**il disarmo** disarmament
**l'energia nucleare** nuclear energy
**la bomba atomica** nuclear bomb
**la pace** peace
**la guerra** war

**la pioggia acida** acid rain
**l'ambiente** (*m*) environment
**l'effetto serra** greenhouse effect

| | |
|---|---|
| **la povertà** (*inv*) | poverty |
| **la disoccupazione** | unemployment |
| **la violenza** | violence |
| **la criminalità** (*inv*) | crime |
| **la corruzione** | corruption |
| **la contraccezione** | contraception |
| **l'aborto** | abortion |
| **l'eutanasia** | euthanasia |
| **l'omosessualità** | homosexuality |
| **l'Aids** (*mf*) | AIDS |
| **un maschilista** | male chauvinist |
| **la liberazione della donna** | women's liberation |
| **il femminismo** | feminism |
| **l'uguaglianza, la parità** | equality |
| **la prostituzione** | prostitution |
| **il razzismo** | racism |
| **il terrorismo** | terrorism |
| **un uomo/una donna di colore, un nero/una nera** | black person |
| **un immigrato/un'immigrata** | immigrant |
| **un rifugiato/una rifugiata** | political refugee |
| **l'asilo politico** | political asylum |
| **l'alcol** (*m inv*) | alcohol |
| **un/un'alcolista** | alcoholic |
| **la droga** | drugs |
| **la tossicodipendenza** | drug addiction |
| **l'hascisc** (*m inv*) | hashish |
| **la cocaina** | cocaine |
| **l'eroina** | heroin |
| **il traffico della droga** | drug trafficking |
| **un/una trafficante (di droga)** | dealer |

**sono/non sono d'accordo con te**
I agree/don't agree with you

**penso che tu abbia ragione/torto**
I think you are right/wrong

# 33. LA POLITICA
## POLITICS

| | |
|---|---|
| **governare** | to govern, to rule |
| **regnare** | to reign |
| **organizzare** | to organise |
| **manifestare** | to demonstrate |
| **andare alle urne** | to go to the polls |
| **eleggere** | to elect |
| **votare (per/contro)** | to vote (for/against) |
| **reprimere** | to repress |
| **abolire** | to abolish |
| **sopprimere** | to do away with |
| **imporre** | to impose |
| **legalizzare** | to legalize |
| **nazionalizzare** | to nationalize |
| **privatizzare** | to privatize |
| **internazionale** | international |
| **nazionale, statale** | national |
| **nazionalista** | nationalist |
| **politico** | political |
| **governativo, statale** | governmental |
| **democratico** | democratic |
| **conservatore** | conservative |
| **liberale** | liberal |
| **laburista** | labour |
| **radicale** | radical |
| **repubblicano** | republican |
| **socialdemocratico** | social democrat |
| **democristiano** | christian democrat |
| **socialista** | socialist |
| **comunista** | communist |
| **marxista** | Marxist |
| **fascista** | fascist |
| **anarchico** | anarchist |
| **capitalista** | capitalist |
| **estremista** | extremist |

| | |
|---|---|
| **verde** | green |
| **di destra** | right wing |
| **di sinistra** | left wing |
| **centrista** | centre |
| **moderato** | moderate |
| **una nazione** | nation |
| **un paese** | country |
| **uno stato** | state |
| **una repubblica** | republic |
| **una monarchia** | monarchy |
| **la patria** | native land |
| **il governo** | government |
| **il parlamento** | parliament |
| **il consiglio dei ministri** | Cabinet (*equiv*) |
| **il presidente del consiglio (dei ministri)** | Prime Minister (*equiv*) |
| **la costituzione** | constitution |
| **il presidente della repubblica** | Head of State (*Italy*) |
| **un ministro** | minister |
| **il ministro degli Esteri** | Foreign Secretary |
| **il ministro dell'Interno** | Home Secretary |
| **un deputato/una deputata** | MP |
| **un senatore/una senatrice** | senator |
| **un politico** | politician |
| **la politica** | politics |
| **la diplomazia** | diplomacy |
| **le elezioni** | elections |
| **un partito politico** | political party |
| **la destra** | right |
| **la sinistra** | left |
| **il diritto al/di voto** | right to vote |
| **il collegio elettorale** | constituency |
| **la scheda elettorale** | ballot paper |
| **l'urna** | ballot box |
| **un candidato/una candidata** | candidate |
| **la campagna elettorale** | election campaign |
| **un sondaggio d'opinione** | opinion poll |

# 33 LA POLITICA

**un cittadino/una cittadina** — citizen

**i negoziati** — negotiations
**un dibattito** — debate
**una legge** — law

**una crisi** (*inv*) — crisis
**una dimostrazione** — demonstration
**un colpo di stato** — coup
**una rivoluzione** — revolution
**i diritti umani** — human rights
**la dittatura** — dictatorship

**un'ideologia** — ideology
**la democrazia** — democracy
**il socialismo** — socialism
**il comunismo** — communism
**il fascismo** — fascism
**il capitalismo** — capitalism
**il pacifismo** — pacifism
**la neutralità** — neutrality
**l'unità** — unity
**la libertà** — freedom
**la gloria** — glory
**l'opinione pubblica** — public opinion

**la nobiltà** — nobility
**l'aristocrazia** — aristocracy
**la borghesia** — middle classes
**la classe operaia** — working class
**il popolo** — the people
**il re/la regina** — king/queen
**l'imperatore/l'imperatrice** — emperor/empress
**il principe/la principessa** — prince(ss)

**l'ONU** (*f*) — UN
**le Nazioni Unite** — United Nations
**la CEE** — EEC
**la Comunità europea** — European Community
**il Mercato Comune (Europeo), il MEC** — Common Market

# 34. COMUNICARE CON GLI ALTRI
## COMMUNICATING

| | |
|---|---|
| **dire** | to say, to tell |
| **parlare** | to talk, to speak |
| **ripetere** | to repeat |
| **chiacchierare** | to chat |
| **aggiungere** | to add |
| **dichiarare** | to declare |
| **affermare** | to maintain |
| **fare una dichiarazione** | to make a statement |
| **esprimere** | to express |
| **insistere** | to insist |
| **pretendere** | to claim, to demand |
| **conversare** | to converse with |
| **informare** | to inform |
| **indicare** | to indicate |
| **accenare, menzionare** | to mention |
| **promettere** | to promise |
| **gridare** | to shout |
| **urlare** | to yell |
| **strillare** | to shriek |
| **sussurrare** | to whisper |
| **mormorare** | to murmur |
| **borbottare** | to mumble |
| **balbettare** | to stammer |
| **arrabbiarsi** | to get worked up |
| **rispondere** | to reply |
| **ribattere** | to retort |
| **litigare** | to argue, to quarrel |
| **discutere** | to discuss |
| **supporre** | to assume |
| **persuadere** | to persuade |
| **convincere** | to convince |
| **influenzare** | to influence |
| **(dis)approvare** | to (dis)approve |
| **essere d'accordo (con)** | to agree (with) |
| **contraddire** | to contradict |

| | |
|---|---|
| **contestare** | to contest |
| **obiettare** | to object |
| **confutare** | to refute |
| **esagerare** | to exaggerate |
| **sottolineare** | to emphasize |
| **predire** | to predict |
| **prevedere** | to foresee |
| **confermare** | to confirm |
| **scusarsi** | to apologize |
| **fingere di, far finta di** | to pretend |
| **ingannare** | to deceive |
| **deludere** | to disappoint |
| **lusingare** | to flatter |
| **criticare** | to criticize |
| **calunniare** | to slander |
| **negare** | to deny |
| **ammettere** | to admit |
| **confessare** | to confess |
| **riconoscere** | to recognize |
| **spiegare** | to explain |
| **gesticolare** | to gesticulate |
| **dubitare** | to doubt |
| **pettegolare** | to gossip |
| **convinto** | convinced |
| **convincente** | convincing |
| **una conversazione** | conversation |
| **una discussione** | discussion |
| **un dialogo** | dialogue |
| **un'intervista** | interview (*with journalist*) |
| **un colloquio** | (job) interview |
| **un monologo** | monologue |
| **un discorso** | speech |
| **una conferenza** | lecture |
| **un dibattito** | debate |
| **un congresso** | conference |
| **una dichiarazione** | statement |
| **una parola** | word |
| **i pettegolezzi** | gossip |
| **un'opinione** | opinion |

| | |
|---|---|
| **un'idea** | idea |
| **un punto di vista** | point of view |
| **un litigio** | argument, quarrel |
| **un argomento** | subject, topic |
| **un malinteso** | misunderstanding |
| **un accordo** | agreement |
| **un disaccordo** | disagreement |
| **un'allusione** | allusion |
| **un'insinuazione** | insinuation |
| **una critica** | criticism |
| **un'obiezione** | objection |
| **una confessione** | confession |
| **un microfono** | microphone |
| **un megafono** | megaphone |
| **francamente** | frankly |
| **generalmente** | generally |
| **naturalmente** | naturally, of course |
| **assolutamente** | absolutely |
| **davvero, proprio** | really |
| **completamente** | entirely |
| **può darsi, forse, magari** | maybe, perhaps |
| **indubbiamente, senza dubbio** | undoubtedly |
| **ma, però** | but |
| **comunque** | however |
| **o, oppure** | or |
| **e** | and |
| **perché** | because |
| **perciò, quindi** | therefore |
| **grazie a** | thanks to |
| **malgrado, nonostante** | despite |
| **a parte, eccetto** | except |
| **senza** | without |
| **con** | with |
| **quasi** | almost |
| **se** | if |

**ah, davvero?**
is it?/do they? etc

See also sections **32 TOPICAL ISSUES** and **36 THE PHONE**

# 35. LA CORRISPONDENZA
## LETTER WRITING

| | |
|---|---|
| **scrivere** | to write |
| **scribacchiare** | to scribble |
| **buttar giù** | to jot down |
| **descrivere** | to describe |
| **scrivere a macchina** | to type |
| **firmare** | to sign |
| | |
| **inviare, spedire** | to send, to post |
| **arrivare** | to arrive |
| **consegnare** | to deliver |
| **sigillare** | to seal |
| **mettere un francobollo (su)** | to put a stamp on |
| **affrancare** | to frank |
| **pesare** | to weigh |
| **imbucare, impostare** | to post |
| **rimandare, rispedire** | to send back |
| **inoltrare** | to forward |
| **contenere** | to contain |
| | |
| **tenersi in corrispondenza con** | to correspond with |
| **ricevere** | to receive |
| **rispondere** | to reply |
| | |
| **leggibile** | legible |
| **illeggibile** | illegible |
| **scritto a mano** | handwritten |
| **scritto a macchina** | typed |
| **(per) via aerea** | by airmail |
| **(per) espresso** | by express post |
| **(per) raccomandata** | by registered mail |
| **a giro di posta** | by return mail |
| | |
| **una lettera** | letter |
| **la posta** | mail |
| **la carta da lettere** | writing paper |
| **la data** | date |

| | |
|---|---|
| **la firma** | signature |
| **la busta** | envelope |
| **l'indirizzo** | address |
| **il destinatario** | addressee |
| **il mittente** | sender |
| **il codice di avviamento postale, il CAP** | postcode |
| **il francobollo** | stamp |
| **la cassetta/la buca delle lettere** | postbox |
| **la levata** | collection |
| **l'ufficio postale** | post office |
| **la posta centrale** | main post office |
| **lo sportello** | counter |
| **l'affrancatura** | postage |
| **il timbro** | rubber stamp, postmark |
| **il fermo posta** (*inv*) | poste restante |
| **la casella postale** | post office box |
| **un pacco, un pacchetto** | parcel |
| **un telegramma** | telegram |
| **un fax** (*inv*) | fax |
| **una cartolina** | postcard |
| **la ricevuta di ritorno** | acknowledgement of receipt |
| **un modulo** | form |
| **un vaglia** (*inv*) **postale** | postal order |
| **il contenuto** | contents |
| **il postino** | postman |
| **il/la corrispondente** | penfriend |
| **la scrittura, la calligrafia** | handwriting |
| **la brutta (copia)** | draft (copy) |
| **la bella (copia)** | fair copy |
| **la biro** (*inv*) | biro |
| **la matita** | pencil |
| **la penna stilografica** | fountain pen |
| **la macchina da scrivere** | typewriter |
| **una nota** | note |
| **l'intestazione** (*f*) | letterhead |
| **il testo** | text |

| | |
|---|---|
| **una pagina** | page |
| **un paragrafo** | paragraph |
| **una frase** | sentence |
| **una riga** | line |
| **una parola** | word |
| **lo stile** | style |
| **un titolo** | title |
| **il margine** | margin |
| **un biglietto (di auguri)** | (greetings/birthday) card |
| **le condoglianze** | condolences |
| **una partecipazione** | announcement card (*for weddings etc*) |
| **una lettera d'amore** | love letter |
| **un reclamo** | complaint |

**Gentile signore/signora**
Dear Sir/Madam

**Caro Alberto/Cara Chiara**
Dear Alberto/Chiara

**Spett(abile) ditta Rossi**
Messrs Rossi

**Accludo...**
Please find enclosed ...

**Distinti/Cordiali saluti**
Yours faithfully/sincerely

**Cordialmente**
Kind regards

**con affetto**
love

**vorrei tre francobolli da 650 (lire)**
I'd like three 650 lire stamps

# 36. IL TELEFONO
## THE PHONE

| | |
|---|---|
| **chiamare** | to call |
| **telefonare (a)** | to (tele)phone, to ring |
| **fare una telefonata** | to make a phone call |
| **dare un colpo di telefono a** | to give (somebody) a ring |
| **sollevare il ricevitore** | to lift the receiver |
| **fare/comporre il numero** | to dial (a number) |
| **sbagliare numero** | to dial a wrong number |
| **riappendere** | to hang up |
| **richiamare** | to call back |
| **rispondere (a)** | to answer |
| **togliere la comunicazione** | to cut off |
| **suonare, squillare** | to ring |
| | |
| **il telefono** | phone |
| **il ricevitore** | earpiece |
| **il segnale di libero** | dialling tone |
| **l'elenco telefonico** | phone book |
| **le pagine gialle** | yellow pages |
| **una cabina telefonica** | phone box |
| **una scheda telefonica** | phone card |
| **un gettone (telefonico)** | token |
| **una telefonata** | phone call |
| **una telefonata interurbana** | long distance call |
| **una telefonata urbana** | local call |
| **una telefonata in teleselezione** | STD call |
| **il prefisso** | dialling code |
| **il numero** | number |
| **la linea** | line |
| **il numero sbagliato** | wrong number |
| **il servizio informazioni** | enquiries |
| **il centralino** | telephone exchange |
| **il/la centralinista** | operator |
| | |
| **occupato** | engaged |
| **guasto** | out of order |

**ha telefonato a sua madre**
he/she phoned his/her mother

**il telefono sta suonando**
the phone's ringing

**chi parla?**
who's speaking?

**sono Gabriella**
it's Gabriella speaking

**pronto! sono Pietro**
hello, this is Pietro speaking

**vorrei parlare con Davide**
I'd like to speak to Davide

**sono io**
speaking

**attenda, prego/rimanga in linea**
hold on

**è occupato**
it's engaged

**mi dispiace, non c'è**
I'm sorry, he's/she's not in

**vuol lasciar detto qualcosa?**
would you like to leave a message?

**chi devo dire (che ha chiamato)?**
who shall I say called?

**mi scusi, ho sbagliato numero**
sorry, I've got the wrong number

# 37. I SALUTI E LE FORMULE DI CORTESIA
## GREETINGS AND POLITE PHRASES

| | |
|---|---|
| **salutare** | to greet |
| **presentare** | to introduce |
| **esprimere** | to express |
| **ringraziare** | to thank |
| **augurare** | to wish |
| **scusarsi** | to apologize |
| | |
| **buongiorno** | good morning/afternoon |
| **buona sera** | good evening |
| **buona notte** | good night |
| **ciao** | hello!, hi!, bye! |
| **arrivederci** | goodbye |
| **addio** | farewell |
| **piacere (di conoscerla)** | pleased to meet you |
| **come stai/sta?** | how are you? |
| **come va?** | how are things? |
| **a presto** | see you soon |
| **a più tardi** | see you later |
| **a domani** | see you tomorrow |
| **buona giornata!** | have a good day! |
| **buon pomeriggio!** | have a good afternoon! |
| **buon appetito!** | enjoy your meal! |
| **buona fortuna!** | good luck! |
| **buon viaggio!** | safe journey!, have a good trip! |
| **benvenuto/a/i/e!** | welcome! |
| **scusa/scusi!** | sorry! |
| **scusa/scusi?** | sorry? |
| **mi dispiace** | I'm sorry |
| **attenzione!** | watch out! |
| | |
| **sì** | yes |
| **no** | no |
| **no grazie** | no thanks |

| | |
|---|---|
| **sì grazie** | yes please |
| **per piacere, per favore** | please |
| **grazie** | thank you |
| **molte grazie, grazie mille** | thank you very much |
| **prego** | not at all |
| **cin cin!** | cheers! |
| **salute!** | bless you!, cheers! |
| **d'accordo** | OK |
| **tanto meglio, meglio così** | so much the better |
| **tanto peggio** | too bad |
| **non importa, pazienza!** | never mind! |
| **peccato!** | what a pity! |

## le festività — festivities

| | |
|---|---|
| **Buon Natale!** | Merry Christmas! |
| **Buon Anno!** | Happy New Year! |
| **Tanti auguri!** | Best Wishes! |
| **Buona Pasqua!** | Happy Easter! |
| **Buon compleanno!** | Happy Birthday! |
| **Rallegramenti!, Congratulazioni!** | Congratulations! |

**ti/le presento Angela Bellini**
may I introduce Angela Bellini?

**ti/le faccio i miei migliori auguri**
please accept my best wishes

**ti/le faccio le mie condoglianze**
please accept my condolences

**ti/le auguro buon compleanno**
may I wish you a happy birthday

**per me è lo stesso/non importa**
I don't mind

**di nulla/è un piacere!**
it's a pleasure

**mi dispiace (moltissimo)!**
I'm (terribly) sorry!

**mi scusi**
I beg your pardon

**mi scusi se la disturbo**
I'm sorry to bother you

**le/ti dà noia se fumo?**
do you mind if I smoke?

**scusi, può dirmi...**
excuse me please, could you tell me ...?

**che peccato!**
what a pity!

**bravo/a!, complimenti!**
well done!

# 38. I PREPARATIVI PER LE VACANZE E LA DOGANA
## PLANNING A HOLIDAY AND CUSTOMS FORMALITIES

| | |
|---|---|
| **prenotare** | to book, to reserve |
| **viaggiare** | to travel |
| **fare un viaggio** | to go on a journey |
| **noleggiare** | to rent (*car, equipment*) |
| **affittare** | to rent (*house*) |
| **confermare** | to confirm |
| **disdire** | to cancel |
| **informarsi (su)** | to get information (about) |
| **documentarsi (su)** | to gather information (about) |
| **prepare/fare le valigie** | to pack (one's suitcases) |
| **fare una lista** | to make out a list |
| **prendere** | to take |
| **portare** | to carry, to take |
| **dimenticare, dimenticarsi** | to forget |
| **procurarsi un'assicurazione** | to take out insurance |
| **rinnovare il passaporto** | to renew one's passport |
| **farsi vaccinare** | to get vaccinated |
| | |
| **ispezionare** | to search |
| **dichiarare** | to declare |
| **contrabbandare** | to smuggle |
| **controllare** | to check |
| | |
| **le vacanze** | holidays |
| **un'agenzia di viaggi** | travel agent's |
| **un ufficio di informazioni turistiche** | tourist information centre |
| **un dépliant** (*inv*) | brochure, leaflet |
| **un viaggio organizzato** | package tour |
| **i compagni di viaggio** | fellow travellers |
| **l'accompagnatore/ l'accompagnatrice** | tourleader |
| **la guida** (*mf*) | guide |

| | |
|---|---|
| **l'itinerario** | itinerary |
| **la crociera** | cruise |
| **la prenotazione** | booking |
| **la caparra** | deposit |
| **la lista** | list |
| **il bagaglio** | luggage |
| **una valigia** | suitcase |
| **una borsa da viaggio** | travel bag |
| **uno zaino** | rucksack |
| **un'etichetta** | label |
| **il beauty-case** (*inv*) | vanity case |
| **il passaporto** | passport |
| **la carta d'identità** | identity card |
| **il visto** | visa |
| **il biglietto** | ticket |
| **un traveller's cheque** (*inv*) | traveller's cheques |
| **un'assicurazione di viaggio** | travel insurance |
| **la dogana** | customs |
| **un doganiere** | customs officer |
| **la frontiera, il confine** | border |
| **in anticipo** | in advance |

**niente/nulla da dichiarare**
nothing to declare

**dobbiamo confermare la prenotazione per lettera?**
should we confirm our booking in writing?

**non vedo l'ora di andare in vacanza**
I'm looking forward to going on holiday

See also sections **39 RAILWAYS, 40 FLYING, 41 PUBLIC TRANSPORT** and **42 AT THE HOTEL**

# 39. LA FERROVIA
RAILWAYS

| | |
|---|---|
| **prenotare** | to reserve, to book |
| **prendere un treno** | to catch a train |
| **perdere un treno** | to miss a train |
| **cambiare** | to change |
| **scendere** | to get off |
| **salire** | to get on/in |
| **essere in ritardo** | to be late |
| **deragliare** | to be derailed |
| **in orario** | on time |
| **in ritardo** | late |
| **prenotato** | reserved |
| **occupato** | taken, engaged |
| **libero** | free |
| **fumatori** | smoking, smoker |
| **non fumatori** | non-smoker, non-smoking |

## la stazione — the station

| | |
|---|---|
| **una stazione (ferroviaria)** | (railway) station |
| **le Ferrovie dello Stato** | Italian State Railways |
| **le ferrovie** | railways |
| **la biglietteria** | ticket office |
| **la biglietteria automatica** | ticket vending machine |
| **l'ufficio informazioni** | information |
| **il tabellone (degli arrivi e delle partenze)** | indicator board |
| **la sala d'aspetto** | waiting room |
| **il buffet (*inv*) della stazione** | station buffet |
| **il deposito bagagli** | left luggage |
| **un carrello** | (luggage) trolley |
| **il bagaglio, i bagagli** | luggage |
| **l'ufficio oggetti smarriti** | lost property office |
| **il/la capostazione** | stationmaster |
| **il/la capotreno** | guard |

| | |
|---|---|
| **il controllore** | ticket collector |
| **un ferroviere** | railwayman |
| **un passeggero/ una passeggera** | passenger |
| **un facchino** | porter |

## il treno — the train

| | |
|---|---|
| **un (treno) accelerato/locale** | local train |
| **un treno merci** | freight train |
| **un (treno) diretto** | through train |
| **un (treno) espresso** | express train, fast train |
| **un (treno) Intercity** | Intercity train |
| **un treno elettrico/diesel** | electric/diesel train |
| **un TEE** (*inv*) | Trans-Europe-Express train |
| **un locomotore** | locomotive, engine |
| **una locomotiva (a vapore)** | steam engine |
| **il vagone ristorante** | dining car |
| **una carrozza, una vettura** | coach, carriage |
| **un vagone letto** | sleeper |
| **la testa del treno** | front of the train |
| **la coda del treno** | rear of the train |
| **il vagone bagagliaio** | luggage van |
| **uno scompartimento** | compartment |
| **una cuccetta** | couchette |
| **il gabinetto, la toilette** (*inv*) | toilet |
| **lo sportello** | door |
| **il finestrino** | window |
| **un posto** | seat |
| **la reticella (portabagagli)** | luggage rack |
| **il segnale d'allarme** | alarm |

## il viaggio — the journey

| | |
|---|---|
| **il marciapiede, la banchina** | platform |
| **il binario** | track, platform |
| **le rotaie, i binari** | tracks |
| **una linea (ferroviaria)** | (railway) line |

| | |
|---|---|
| **la rete (ferroviaria)** | (railway) network |
| **un passaggio a livello** | level crossing |
| **una galleria, un tunnel** (*inv*) | tunnel |
| **una fermata** | stop |
| **l'arrivo** | arrival |
| **la partenza** | departure |
| **la coincidenza** | connection |

## i biglietti — tickets

| | |
|---|---|
| **un biglietto** | ticket |
| **un (biglietto) ridotto** | reduced rate |
| **un adulto** | adult |
| **un biglietto di sola andata** | single (ticket) |
| **un biglietto di andata e ritorno** | return (ticket) |
| **la classe** | class |
| **la prima (classe)** | first class |
| **la seconda (classe)** | second class |
| **una tessera di abbonamento** | railcard |
| **una prenotazione** | reservation |
| **l'orario (ferroviario)** | (railway) timetable |
| **i giorni festivi** | public holidays |
| **i giorni feriali** | weekdays |

**sono andato/a a Genova in treno**
I went to Genoa by train

**un biglietto solo andata per Bologna, per favore**
a single to Bologna, please

**un biglietto andata e ritorno per Milano, per favore**
a return ticket to Milan, please

**quando parte il prossimo/l'ultimo treno per Verona?**
when is the next/last train for Verona?

**il treno proveniente da Roma viaggia con 20 minuti di ritardo**
the train arriving from Rome is 20 minutes late

**il treno proveniente da Torino è in arrivo al binario 11**
the train from Turin is arriving on platform 11

**devo cambiare treno?**
do I have to change?

**questo treno ferma a Mantova?**
does this train stop at Mantua?

**scusi, questo posto è libero/occupato ?**
excuse me, is this seat free/taken?

**permesso, (vorrei passare)**
excuse me, (may I get by?)

**biglietti, prego!**
tickets please!

**stavo per perdere il treno**
I nearly missed my train

**dovremo correre per prendere la coincidenza**
we'll have to run to catch the connection

**è venuto/a a prendermi alla stazione**
he/she came and picked me up at the station

**mi ha accompagnato alla stazione**
he/she took me to the station

**buon viaggio!**
have a good journey!

# 40. L'AEREO
FLYING

| | |
|---|---|
| **andare in aereo** | to fly |
| **fare il check-in** | to check in |
| **decollare** | to take off |
| **atterrare** | to land |
| **fare scalo** | to stop over |

## all'aeroporto — at the airport

| | |
|---|---|
| **un aeroporto** | airport |
| **una pista** | runway |
| **una compagnia aerea** | airline |
| **l'ufficio informazioni** | information |
| **il check-in** (*inv*) | check-in |
| **il bagaglio a mano** | hand luggage |
| **il (negozio) duty free** (*inv*) | duty-free shop |
| **l'imbarco** | boarding |
| **la sala d'imbarco** | departure lounge |
| **la carta d'imbarco** | boarding pass |
| **l'uscita** | gate |
| **il ritiro bagagli** | baggage claim |
| **l'aerostazione** (*f*) | air terminal |
| **le scale mobili** | escalator |
| **il nastro trasportatore** | conveyor belt |

## a bordo — on board

| | |
|---|---|
| **l'aereo** | plane |
| **un jet** (*inv*) | jet, plane |
| **un jumbo-jet** (*inv*) | jumbo jet |
| **un (volo/aereo) charter** (*inv*) | charter (flight/plane) |
| **l'ala** | wing |
| **il carrello** | undercarriage |
| **l'elica** | propeller |
| **il corridoio** | aisle |
| **il finestrino** | window |

| | |
|---|---|
| **la cintura di sicurezza** | seat belt |
| **l'uscita di sicurezza** | emergency exit |
| **un posto** | seat |
| **un volo (diretto)** | (direct) flight |
| **un volo nazionale** | domestic flight |
| **un volo internazionale** | international flight |
| **l'altitudine** (*f*) | altitude |
| **la velocità** | speed |
| **la partenza** | departure |
| **il decollo** | take-off |
| **l'arrivo** | arrival |
| **l'atterraggio** | landing |
| **un atterraggio di fortuna** | emergency landing |
| **uno scalo** | stop-over |
| **il ritardo** | delay |
| **l'equipaggio** | crew |
| **il pilota** | pilot |
| **una hostess** (*inv*) | stewardess |
| **uno steward** (*inv*) | steward |
| **un passeggero/ una passeggera** | passenger |
| **un dirottatore/ una dirottatrice** | hijacker |
| **cancellato** | cancelled |
| **in ritardo** | delayed |

**vorrei un posto non fumatori**
I'd like a non-smoking seat

**"imbarco immediato, uscita numero 17"**
'now boarding at gate number 17'

**"allacciare le cinture di sicurezza"**
'fasten your seat belt'

**"vietato fumare"**
'no smoking'

# 41. I TRASPORTI PUBBLICI
## PUBLIC TRANSPORT

**scendere (da)** to get off
**salire (su)** to get on
**aspettare** to wait (for)
**arrivare** to arrive
**cambiare** to change
**fermarsi** to stop
**affrettarsi** to hurry
**perdere** to miss
**non pagare il biglietto** to dodge the fare
**mostrare il biglietto** to produce one's ticket

**l'autobus** (*m inv*) bus
**il tram** (*inv*) tram
**il pullman** (*inv*) coach (*guided tours*)
**la corriera** coach (*service between towns*)
**la metropolitana, il metrò** (*inv*) underground, tube
**un treno locale** local train
**un traghetto** ferry
**un battello, un vaporetto** passenger ferry
**un taxi** (*inv*) taxi

**un/una conducente, un/un'autista** driver
**un/una tassista** taxi driver
**un tranviere** tram driver
**un controllore** inspector (*train*), conductor (*bus*)
**un/una pendolare** commuter

**la stazione degli autobus** bus station
**una stazione della metropolitana** underground station
**la pensilina** bus shelter
**una fermata dell'autobus** bus stop
**il capolinea** (*inv*) end of the line
**la biglietteria** booking office

| | |
|---|---|
| **il distributore automatico (di biglietti)** | ticket machine |
| **la sala d'aspetto** | waiting room |
| **l'ufficio informazioni** | enquiries |
| **l'uscita** | exit |
| **la rete (dei trasporti)** | network |
| **la linea** | line |
| **la banchina** | platform |
| **la partenza** | departure |
| **la direzione** | direction |
| **la destinazione** | destination |
| **l'arrivo** | arrival |
| **un posto** | seat |
| **un biglietto** | ticket |
| **la tariffa** | fare |
| **un blocchetto di biglietti** | book of tickets |
| **una tessera di abbonamento** | season ticket |
| **un adulto** | adult |
| **un bambino** | child |
| **la prima classe** | first class |
| **la seconda classe** | second class |
| **una riduzione** | reduction |
| **un supplemento** | excess fare |
| **le ore di punta** | rush hour |

**vado a scuola in autobus**
I go to school by bus

**che autobus devo prendere per andare al duomo?**
what bus will take me to the cathedral?

**dov'è la più vicina fermata della metropolitana?**
where is the nearest underground station?

**può dirmi quando devo scendere?**
will you tell me when to get off?

See also section **39 RAILWAYS**

# 42. ALL'ALBERGO
## AT THE HOTEL

| | |
|---|---|
| **completo** | no vacancies |
| **chiuso** | closed |
| **compreso** | included |
| | |
| **un albergo, un hotel** (*inv*) | hotel |
| **un motel** (*inv*) | motel |
| **una pensione** | guest house |
| | |
| **una prenotazione** | booking |
| **la reception** (*inv*) | reception |
| **la pensione completa** | full board |
| **la mezza pensione** | half board |
| **l'alta/la bassa stagione** | high/low season |
| **il servizio** | service |
| **la mancia** | tip |
| **il conto** | bill |
| **un reclamo** | complaint |
| | |
| **il ristorante** | restaurant |
| **la sala da pranzo** | dining room |
| **il salone** | lounge |
| **l'atrio** | entrance hall, lobby |
| **il bar** (*inv*) | bar |
| **il posteggio** | car park |
| **l'ascensore** (*m*) | lift |
| **la (prima) colazione** | breakfast |
| **la (seconda) colazione, il pranzo** | lunch |
| **la cena** | dinner, evening meal |
| | |
| **il direttore/la direttrice** | manager |
| **il/la receptionist** (*inv*) | receptionist |
| **il portiere (di notte)** | (night) porter |
| **una cameriera** | chambermaid |

## la camera — the room

| | |
|---|---|
| **una camera, una stanza** | room |
| **una camera singola** | single room |
| **una camera matrimoniale** | double room |
| **una camera a due letti** | twin room |
| **un letto** | bed |
| **un letto singolo** | single bed |
| **un letto matrimoniale** | double bed |
| **un lettino** | cot |
| **un bagno** | bathroom |
| **una doccia** | shower |
| **un lavandino** | washbasin |
| **l'acqua calda** | hot water |
| **la toilette** (*inv*) | toilet |
| **l'aria condizionata** | air conditioning |
| **l'uscita di sicurezza** | emergency exit |
| **la scala di sicurezza** | fire escape |
| **un balcone** | balcony |
| **la vista** | view |
| **la chiave** | key |

**un albergo a due/tre stelle**
a two/three star hotel

**avete camere libere?**
have you got any vacancies?

**vorrei una camera singola/doppia**
I'd like a single/double room

**una stanza con bagno**
a room with a private bathroom

**una camera con vista sul mare**
a room overlooking the sea

**per quante notti?**
for how many nights?

**siamo al completo**
we're full

**vorrei essere svegliato/a alle sette**
could you please wake me at seven a.m.?

**c'è il servizio lavanderia/il riscaldamento?**
is there a laundry service/heating?

**mi prepara il conto, per piacere?**
could you make up my bill please?

**"non disturbare"**
'do not disturb'

# 43. IL CAMPEGGIO E GLI OSTELLI DELLA GIOVENTÙ
## CAMPING, CARAVANNING AND YOUTH HOSTELS

| | |
|---|---|
| **andare in campeggio** | to go camping |
| **fare campeggio libero** | to camp in the wild |
| **viaggiare con la roulotte** | to go caravanning |
| **fare l'autostop** | to hitch-hike |
| **piantare la tenda** | to pitch the tent |
| **smontare la tenda** | to take down the tent |
| **dormire all'aperto** | to sleep out in the open |
| | |
| **il campeggio** | camping, campsite |
| **un campeggiatore/ una campeggiatrice** | camper |
| **un/un'autostoppista** | hitch-hiker |
| **l'attrezzatura da campeggio** | camping equipment |
| **una tenda** | tent |
| **un lettino da campo** | camp bed |
| **un tavolino/una sedia pieghevole** | folding chair/table |
| **un materassino gonfiabile** | air mattress |
| **il soprattenda** | fly sheet |
| **un picchetto** | peg |
| **un tirante** | rope |
| **il fuoco** | fire |
| **il falò** (*inv*) | campfire |
| **i fiammiferi** | matches |
| **il (gas) butano** | butane gas |
| **una bombola di gas** | gas bottle |
| **un fornello** | stove, ring |
| **un fornelletto a gas** | gas stove |
| **il ricambio** | refill |
| **una gamella** | billy can |
| **una borraccia** | water bottle |
| **un martello** | hammer |
| **un temperino** | penknife |

| | |
|---|---|
| **un secchio** | bucket |
| **un sacco a pelo** | sleeping bag |
| **una torcia** | torch |
| **una bussola** | compass |
| **i servizi igienici** | toilet block |
| **le docce** | showers |
| **i gabinetti** | toilets |
| **l'acqua potabile** | drinking water |
| **un bidone della spazzatura** | rubbish bin |
| **una zanzara** | mosquito |
| **un campeggio per roulotte** | caravan site |
| **una roulotte** (*inv*) | caravan |
| **un camper** (*inv*) | Dormobile (*R*) |
| **un pulmino** | caravanette |
| **un rimorchio** | trailer |
| **un ostello della gioventù** | youth hostel |
| **il dormitorio** | dormitory |
| **la stanza dei giochi** | games room |
| **la tessera (d'appartenenza)** | membership card |
| **uno zaino** | rucksack |
| **l'autostop** (*m inv*) | hitch-hiking |

**possiamo accamparci qui?**
may we camp here?

**abbiamo passato la giornata all'aria aperta**
we spent the day in the open air

**divieto di campeggio**
no camping

# 44. AL MARE
## AT THE SEASIDE

| | |
|---|---|
| **nuotare, fare il bagno** | to swim |
| **galleggiare** | to float |
| **sguazzare** | to splash about |
| **tuffarsi** | to dive |
| **annegare** | to drown |
| **abbronzarsi** | to get a tan |
| **prendere il sole** | to sunbathe |
| **scottarsi** | to get sunburnt |
| **spellarsi** | to peel |
| **schizzare** | to splash |
| **avere il mal di mare** | to be seasick |
| **remare** | to row |
| **affondare** | to sink |
| **rovesciarsi, scuffiare** | to capsize |
| **imbarcarsi** | to go on board, embark |
| **sbarcare** | to disembark |
| **gettare l'ancora** | to drop anchor |
| **salpare l'ancora** | to weigh anchor |
| | |
| **ombroso** | shady (*place*) |
| **soleggiato** | sunny (*place*) |
| **abbronzato** | tanned |
| **all'ombra** | in the shade |
| **al sole** | in the sun |
| **a bordo (di)** | on board |
| **al largo di** | off the coast of |
| | |
| **il mare** | sea |
| **il lago** | lake |
| **la spiaggia** | beach |
| **la riva** | shore |
| **la sponda** | lakeshore, river bank |
| **la piscina** | swimming pool |
| **il trampolino** | diving board |
| **la piscina per bambini** | paddling pool |
| **una cabina** | beach hut |

| | |
|---|---|
| **la sabbia** | sand |
| **i ciottoli** | shingle |
| **uno scoglio** | rock |
| **una scogliera** | cliff |
| **il sale** | salt |
| **un'onda** | wave |
| **un cavallone** | breaker, big wave |
| **la (alta/bassa) marea** | (high/low) tide |
| **la corrente** | current |
| **un gorgo** | whirlpool |
| **la costa** | coast |
| **il porto** | harbour |
| **il molo** | quay, pier, jetty |
| **il pontile** | landing pier, jetty |
| **la banchina** | quayside |
| **il lungomare** (*inv*) | esplanade, promenade |
| **il fondale (marino)** | sea bed |
| **il faro** | lighthouse |
| **l'orizzonte** (*m*) | horizon |
| **il bagnino/la bagnina** | lifeguard |
| **un istruttore/un'istruttrice di nuoto** | swimming instructor |
| **un capitano** | captain |
| **un/una bagnante** | bather |
| **un nuotatore/una nuotatrice** | swimmer |
| **una conchiglia** | shell |
| **un pesce** | fish |
| **un granchio** | crab |
| **un pescecane, uno squalo** | shark |
| **un delfino** | dolphin |
| **un gabbiano** | seagull |

## le imbarcazioni — boats

| | |
|---|---|
| **una nave** | ship |
| **una barca (a motore)** | (motor) boat |
| **una barca a remi/a vela** | rowing/sailing boat |
| **un motoscafo** | speed boat |

| | |
|---|---|
| **un veliero** | sailing ship |
| **uno yacht** (*inv*) | yacht |
| **una nave di linea** | liner |
| **un traghetto** | ferry |
| **un gommone, un canotto** | (rubber) dinghy |
| **un moscone** | pedalboat |
| **un remo** | oar |
| **una vela** | sail |
| **l'ancora** | anchor |

## gli articoli da spiaggia — things for the beach

| | |
|---|---|
| **un costume da bagno** | swimsuit, trunks |
| **i calzoncini da bagno** | swimming trunks |
| **gli slip** (*inv*) | trunks |
| **il bikini** (*inv*) | bikini |
| **la cuffia da bagno** | bathing cap |
| **la maschera** | mask |
| **un respiratore (a tubo)** | snorkel |
| **le pinne** | flippers |
| **il salvagente** | rubber ring |
| **la boa** | buoy |
| **il materassino (gonfiabile)** | air mattress, Lilo (*R*) |
| **l'ombrellone** (*m*) | beach umbrella |
| **la sedia a sdraio** | deckchair |
| **l'asciugamano** (*m*) | beach towel |
| **gli occhiali da sole** | sunglasses |
| **l'olio solare** | suntan oil |
| **la crema solare** | suntan lotion |
| **una scottatura** | sunburn |
| **la paletta** | spade |
| **il rastrello** | rake |
| **il secchiello** | bucket |
| **un castello di sabbia** | sand castle |
| **il frisbee** (*R*) (*inv*) | frisbee |
| **la palla, il pallone** | ball |

**non so nuotare**
I can't swim

**divieto di balneazione**
no bathing

**"un uomo in mare!"**
'man overboard!'

# 45. I TERMINI GEOGRAFICI
## GEOGRAPHICAL TERMS

| | |
|---|---|
| **la carta geografica** | map |
| **l'atlante (geografico)** | atlas |
| **un continente** | continent |
| **un paese** | country |
| **un paese in via di sviluppo** | developing country |
| **una regione** | area |
| **una provincia** | district |
| **una metropoli** | metropolis, big city |
| **una città** | city, town |
| **un paese** | village |
| **una capitale** | capital city |
| **una montagna** | mountain |
| **una catena montuosa** | mountain chain |
| **una collina** | hill |
| **una scogliera** | cliff |
| **una vetta** | summit, peak |
| **un passo** | pass |
| **una valle** | valley |
| **la campagna** | country, countryside |
| **una pianura** | plain |
| **un altopiano** | plateau |
| **un ghiacciaio** | glacier |
| **un vulcano** | volcano |
| **il mare** | sea |
| **l'oceano** | ocean |
| **un lago** | lake |
| **uno stagno** | pool, pond |
| **una palude** | marsh, swamp |
| **una laguna** | lagoon |
| **un fiume** | river |
| **un ruscello** | stream |
| **un torrente** | torrent, (mountain) stream |
| **un canale** | canal, channel |
| **una sorgente** | spring |

| | |
|---|---|
| **la costa** | coast |
| **un'isola** | island |
| **una penisola** | peninsula |
| **un promontorio** | promontory |
| **una baia** | bay |
| **un golfo** | gulf |
| **un estuario** | estuary |
| **un delta** (*inv*) | delta |
| **un deserto** | desert |
| **una foresta** | forest |
| **un bosco** | wood |
| **la latitudine** | latitude |
| **la longitudine** | longitude |
| **l'altitudine** (*f*) | altitude |
| **la profondità** (*inv*) | depth |
| **la superficie** | area |
| **la popolazione** | population |
| **il mondo** | world |
| **l'universo** | universe |
| **i tropici** | Tropics |
| **il polo nord** | North Pole |
| **il polo sud** | South Pole |
| **l'equatore** (*m*) | Equator |
| **un pianeta** | planet |
| **il sistema solare** | solar system |
| **la terra** | earth |
| **il sole** | sun |
| **la luna** | moon |
| **una stella** | star |
| **una costellazione** | constellation |
| **la via lattea** | Milky Way |

**qual è la montagna più alta d'Europa?**
what is the highest mountain in Europe?

See also sections **27 NATURE, 46 COUNTRIES** and **47 NATIONALITIES**

# 46. I PAESI, I CONTINENTI, ECC.
## COUNTRIES, CONTINENTS ETC

| **i paesi** | countries |
|---|---|
| **l'Algeria** | Algeria |
| **l'Arabia Saudita** | Saudi Arabia |
| **l'Argentina** | Argentina |
| **l'Austria** | Austria |
| **il Belgio** | Belgium |
| **il Brasile** | Brazil |
| **il Canada** | Canada |
| **la Cecoslovacchia** | Czechoslovakia |
| **il Cile** | Chile |
| **la Cina** | China |
| **la Città del Vaticano** | Vatican City |
| **la Danimarca** | Denmark |
| **l'Egitto** | Egypt |
| **l'Eire** (*f*) | Eire |
| **la Finlandia** | Finland |
| **la Francia** | France |
| **il Galles** | Wales |
| **la Germania dell'Est/ dell'Ovest** | East/West Germany |
| **il Giappone** | Japan |
| **la Gran Bretagna** | Great Britain |
| **la Grecia** | Greece |
| **l'India** | India |
| **l'Inghilterra** | England |
| **l'Irlanda del Nord** | Northern Ireland |
| **Israele** | Israel |
| **l'Italia** | Italy |
| **la Jugoslavia** | Yugoslavia |
| **la Libia** | Libya |
| **il Lussemburgo** | Luxembourg |
| **il Marocco** | Morocco |
| **il Messico** | Mexico |
| **la Norvegia** | Norway |

| | |
|---|---|
| **la Nuova Zelanda** | New Zealand |
| **l'Olanda** | Holland |
| **i Paesi Bassi** | Netherlands |
| **il Pakistan** | Pakistan |
| **la Palestina** | Palestine |
| **la Polonia** | Poland |
| **il Portogallo** | Portugal |
| **il Regno Unito** | United Kingdom |
| **la Repubblica Sudafricana** | Republic of South Africa |
| **la Russia** | Russia |
| **San Marino** | San Marino |
| **la Scozia** | Scotland |
| **la Spagna** | Spain |
| **gli Stati Uniti** | United States |
| **la Svezia** | Sweden |
| **la Svizzera** | Switzerland |
| **la Tunisia** | Tunisia |
| **la Turchia** | Turkey |
| **l'Ungheria** | Hungary |
| **l'Unione Sovietica** | Soviet Union |
| **l'URSS** | USSR |
| **gli USA** | USA |

## i continenti — continents

| | |
|---|---|
| **l'Africa** | Africa |
| **l'America** | America |
| **l'Asia** | Asia |
| **l'Australia** | Australia |
| **l'Europa** | Europe |
| **l'America del nord/del sud** | North/South America |

## le città — cities

| | |
|---|---|
| **Dublino** | Dublin |
| **Edimburgo** | Edinburgh |
| **Firenze** | Florence |
| **Genova** | Genoa |
| **Livorno** | Leghorn |
| **Londra** | London |

| | |
|---|---|
| **Mantova** | Mantua |
| **Milano** | Milan |
| **Napoli** | Naples |
| **Roma** | Rome |
| **Torino** | Turin |
| **Venezia** | Venice |

## le regioni — regions

| | |
|---|---|
| **il terzo mondo** | Third World |
| **i paesi dell'est** | Eastern Bloc countries |
| **il Medio Oriente** | Middle East |
| **l'Estremo Oriente** | Far East |
| **la Lombardia** | Lombardy |
| **la Puglia** | Apulia |
| **il Piemonte** | Piedmont |
| **la Sardegna** | Sardinia |
| **la Sicilia** | Sicily |
| **la Toscana** | Tuscany |
| **il Veneto** | Veneto |
| **il Friuli-Venezia Giulia** | Friuli-Venezia Giulia |
| **il Trentino Alto Adige** | Trentino Alto Adige |
| **la Val d'Aosta** | Valle d'Aosta |
| **la Liguria** | Liguria |
| **l'Emilia Romagna** | Emilia Romagna |
| **la Basilicata** | Basilicata |
| **la Campania** | Campania |
| **l'Abruzzo** | Abruzzo |
| **il Molise** | Molise |
| **la Calabria** | Calabria |
| **le Marche** | Marches |
| **l'Umbria** | Umbria |
| **il Lazio** | Lazio |

## mari, fiumi, isole e montagne — seas, rivers, islands and mountains

| | |
|---|---|
| **il (mar) Mediterraneo** | Mediterranean |
| **il mare Adriatico** | Adriatic Sea |

| | |
|---|---|
| **il mar Tirreno** | Tyrrhenian Sea |
| **il mar Ionio** | Ionian Sea |
| **il mare del Nord** | North Sea |
| **l'oceano Atlantico** | Atlantic Ocean |
| **l'oceano Pacifico** | Pacific Ocean |
| **l'oceano Indiano** | Indian Ocean |
| **il canale della Manica** | English Channel |
| **il Tamigi** | Thames |
| **il Tevere** | Tiber |
| **il Po** | Po |
| **l'Arno** | Arno |
| **l'Elba** | Elba |
| **le Alpi** | Alps |
| **gli Appennini** | Appennines |
| **il monte Bianco** | Mont Blanc |
| **il lago di Garda** | Lake Garda |

**ho passato le vacanze in Italia**
I spent my holidays in Italy

**l'Olanda è un paese pianeggiante**
Holland is a flat country

**mi piacerebbe andare in Cina**
I would like to go to China

**abito a Dover, in Inghilterra**
I live in Dover, in England

**vengono da Roma**
they come from Rome

See also section **47 NATIONALITIES**

# 47. LE NAZIONALITÀ
## NATIONALITIES

| i paesi | countries |
|---|---|
| **straniero** | foreign |
| **algerino** | Algerian |
| **americano** | American |
| **argentino** | Argentinian |
| **australiano** | Australian |
| **austriaco** | Austrian |
| **belga** | Belgian |
| **brasiliano** | Brazilian |
| **britannico** | British |
| **canadese** | Canadian |
| **cecoslovacco** | Czechoslovakian |
| **cileno** | Chilean |
| **cinese** | Chinese |
| **danese** | Danish |
| **egiziano** | Egyptian |
| **fiammingo** | Flemish |
| **finlandese** | Finnish |
| **francese** | French |
| **gallese** | Welsh |
| **giapponese** | Japanese |
| **greco** | Greek |
| **inglese** | English |
| **irlandese** | Irish |
| **israeliano** | Israeli |
| **italiano** | Italian |
| **jugoslavo** | Yugoslavian |
| **libico** | Libyan |
| **marocchino** | Moroccan |
| **messicano** | Mexican |
| **neozelandese** | New Zealander |
| **norvegese** | Norwegian |
| **olandese** | Dutch |
| **pakistano** | Pakistani |

| | |
|---|---|
| **palestinese** | Palestinian |
| **polacco** | Polish |
| **portoghese** | Portuguese |
| **russo** | Russian |
| **scandinavo** | Scandinavian |
| **scozzese** | Scottish |
| **sovietico** | Soviet |
| **spagnolo** | Spanish |
| **sudafricano** | South African |
| **svedese** | Swedish |
| **svizzero** | Swiss |
| **tedesco** | German |
| **tunisino** | Tunisian |
| **turco** | Turkish |

## le regioni e le città areas and cities

| | |
|---|---|
| **orientale** | Oriental |
| **occidentale** | Western |
| **africano** | African |
| **asiatico** | Asian |
| **europeo** | European |
| **arabo** | Arabic |
| **parigino** | Parisian |
| **londinese** | Londoner |
| **fiorentino** | Florentine |
| **veneziano** | Venetian |
| **milanese** | Milanese |
| **romano** | Roman |
| **napoletano** | Neapolitan |
| **un inglese** | an Englishman |
| **una inglese** | an Englishwoman |

**gli Inglesi bevono molta birra**
the English drink a lot of beer

**mi piace la cucina cinese**
I like Chinese food

# 48. LE LINGUE
LANGUAGES

| | |
|---|---|
| **imparare** | to learn |
| **imparare a memoria** | to learn by heart |
| **capire** | to understand |
| **scrivere** | to write |
| **leggere** | to read |
| **parlare** | to speak |
| **ripetere** | to repeat |
| | |
| **pronunciare** | to pronounce |
| **tradurre** | to translate |
| **migliorare** | to improve |
| **voler dire** | to mean |
| | |
| **il francese** | French |
| **l'inglese** (*m*) | English |
| **il tedesco** | German |
| **lo spagnolo** | Spanish |
| **il portoghese** | Portuguese |
| **l'italiano** | Italian |
| **il greco moderno** | modern Greek |
| **il greco antico** | classical Greek |
| **il latino** | Latin |
| **il russo** | Russian |
| **l'arabo** | Arabic |
| **il cinese** | Chinese |
| **il giapponese** | Japanese |
| **il gaelico** | Gaelic |
| | |
| **una lingua** | language |
| **un dialetto** | dialect |
| **la lingua materna** | mother tongue |
| **una lingua straniera** | foreign language |
| **le lingue moderne** | modern languages |
| **le lingue morte** | dead languages |
| **il vocabolario** | vocabulary |

**la grammatica** grammar
**l'accento** accent

**non capisco**
I don't understand

**sto imparando l'inglese**
I am learning English

**parla lo spagnolo correntemente**
he/she speaks fluent Spanish

**parla l'inglese malissimo**
he/she speaks English very badly

**la sua lingua materna è l'inglese**
English is his/her native language

**tradurre in/dall'inglese**
translate into/from English

**scusi, può parlare più lentamente/meno velocemente?**
could you speak more slowly/less quickly, please?

**scusi, può ripetere?**
could you repeat that, please?

**Sergio è portato per le lingue**
Sergio is good at languages

# 49. VACANZE IN ITALIA
## HOLIDAYS IN ITALY

| | |
|---|---|
| **visitare** | to visit |
| **viaggiare** | to travel |
| **interessarsi di** | to be interested in |
| **ammirare** | to admire |
| | |
| **in vacanza** | on holiday |
| **celebre, famoso** | famous |
| **pittoresco** | picturesque |

## il turismo — tourism

| | |
|---|---|
| **le vacanze** | holidays |
| **un/una turista** | tourist |
| **uno straniero/una straniera** | foreigner |
| **l'ufficio turistico** | tourist office |
| **le attrattive** | attractions |
| **un piatto tipico** | traditional dish |
| **un costume tradizionale** | traditional costume |
| **i luoghi di interesse turistico** | places of interest |
| **una fiera** | fair |
| **una mostra** | exhibition, show |
| **le specialità** | specialities |
| **l'artigianato** | crafts |
| **una guida** | guide, guidebook |
| **un manuale di conversazione** | phrasebook |
| **una pianta** | map |
| **una visita (guidata)** | (guided) tour |
| **un viaggio** | journey, trip, tour |
| **un itinerario** | route, itinerary |
| **una gita scolastica** | school trip |
| **un viaggio organizzato** | package holiday |
| **un'escursione** | excursion |
| **una gita in pullman** | coach trip |
| **un gruppo** | group |

| | |
|---|---|
| **una cupola** | dome, cupola |
| **un borgo medioevale** | medieval village |
| **il centro storico** | the old town |
| **una tenuta** | estate |
| **gli scavi** | excavations |
| **un'opera d'arte** | work of art |
| **un capolavoro** | masterpiece |
| **una pinacoteca** | museum (*paintings*) |
| **l'ambasciata** | embassy |
| **il consolato** | consulate |
| **l'ospitalità** | hospitality |

## i simboli dell'Italia — symbols of Italy

| | |
|---|---|
| **la Cappella Sistina di Michelangelo** | The Sistine Chapel by Michelangelo |
| **l'Ultima cena di Leonardo** | The Last Supper by Leonardo |
| **la Primavera di Botticelli** | Spring by Botticelli |
| **il Colosseo** | Coliseum |
| **il Campidoglio** | Capitol |
| **la scalinata di piazza di Spagna** | Spanish Steps |
| **Piazza san Pietro** | St.Peter's Square |
| **il Palazzo Ducale** | Doge's Palace |
| **il Canal Grande** | Grand Canal |
| **la Ca' d'Oro** | Ca'd'Oro |
| **il ponte di Rialto** | Rialto Bridge |
| **il ponte dei Sospiri** | Bridge of Sighs |
| **la torre (pendente) di Pisa** | Leaning Tower of Pisa |
| **le Dolomiti** | Dolomites |
| **la costa Smeralda** | Emerald coast |
| **la pianura padana** | Po valley |
| **il Tricolore** | Italian flag |

## le abitudini — customs

| | |
|---|---|
| **il modo di vivere** | way of life |
| **la cultura** | culture |
| **un bar** (*inv*) | bar |

| | |
|---|---|
| **un caffè** (*inv*) | coffee shop, café |
| **la moda** | fashion |
| **il dialetto** | dialect |
| **il carnevale** | carnival |
| **il ferragosto** | 15th August |
| **il Palio di Siena** | Palio of Siena |
| **una sagra** | feast, festival (*open air*) |

**non dimenticarti di prendere la piantina di Firenze**
don't forget to take your map of Florence

**viva l'Italia!**
long live Italy!

See also sections **25 THE CITY, 26 CARS, 38 PLANNING A HOLIDAY, 39 RAILWAYS, 40 FLYING, 41 PUBLIC TRANSPORT, 42 AT THE HOTEL, 43 CAMPING, 44 AT THE SEASIDE, 45 GEOGRAPHICAL TERMS** and **64 DIRECTIONS**

# 50. I PICCOLI INCIDENTI
## INCIDENTS

| | |
|---|---|
| **succedere** | to happen |
| **accadere** | to occur |
| **avvenire** | to take place |
| | |
| **incontrare** | to meet |
| **coincidere** | to coincide |
| **scontrarsi** | to collide |
| **mancare** | to miss |
| **far cadere** | to drop |
| **rovesciare** | to spill, to knock over |
| **macchiare** | to stain |
| **(s)battere contro** | to knock against |
| **cadere** | to fall |
| **rovinare** | to spoil |
| **inciampare** | to trip |
| **danneggiare** | to damage |
| **rompere** | to break |
| **causare, provocare** | to cause |
| **fare attenzione** | to be careful |
| | |
| **distrarsi** | to be distracted |
| **dimenticare, dimenticarsi** | to forget |
| **perdere** | to lose |
| **cercare** | to look for |
| **frugare** | to search, to rummage |
| **riconoscere** | to recognize |
| **trovare** | to find |
| **ritrovare** | to find (again) |
| **perdersi** | to get lost |
| **smarrirsi** | to lose one's way |
| **chiedere la strada** | to ask one's way |
| | |
| **distratto** | absent-minded |
| **maldestro** | clumsy |
| **imprevisto** | unexpected |

| | |
|---|---|
| **per sbaglio** | accidentally |
| **per caso** | by chance |
| **purtroppo** | unfortunately |
| **una coincidenza** | coincidence |
| **una sorpresa** | surprise |
| **la fortuna** | luck |
| **la sfortuna** | bad luck |
| **una disgrazia** | misfortune |
| **il caso** | chance |
| **una disavventura** | misadventure |
| **un incontro** | meeting |
| **uno scontro** | collision |
| **la sbadataggine** | carelessness |
| **una caduta** | fall |
| **un danno** | damage |
| **una dimenticanza** | forgetfulness, oversight |
| **una perdita** | loss |
| **l'ufficio oggetti smarriti** | lost property office |
| **una ricompensa** | reward |

**che combinazione!**
what a coincidence!

**la mia solita fortuna!**
just my luck!

**che peccato!**
what a pity!

**attento!, attenzione!**
watch out!

# 51. GLI INCIDENTI
## ACCIDENTS

| | |
|---|---|
| **guidare, andare in macchina** | to drive |
| **rischiare inutilmente** | to take needless risks |
| **non dare la precedenza** | not to give way |
| **passare con il rosso** | to go through a red light |
| **non fermarsi allo stop** | to ignore a stop sign |
| **sbandare** | to skid |
| **scivolare** | to slide |
| **fare un testa-coda** | to spin |
| **precipitare** | to hurtle down |
| **scoppiare** | to burst |
| **perdere il controllo di** | to lose control of |
| **capottare** | to somersault |
| **andare a sbattere contro** | to run into |
| **investire** | to run down, to run over |
| **sfasciare** | to wreck, to smash |
| **demolire** | to demolish |
| **danneggiare** | to damage |
| **bloccare** | to block |
| **distruggere** | to destroy |
| **rimanere intrappolato** | to be trapped |
| **essere in stato di shock** | to be in a state of shock |
| **perdere conoscenza** | to lose consciousness |
| **riprendere conoscenza** | to regain consciousness |
| **essere in coma** | to be in a coma |
| **morire sul colpo** | to die on the spot |
| **essere testimone di** | to witness |
| **fare una denuncia** | to draw up a report |
| **indennizzare** | to compensate |
| **scivolare** | to slip |
| **annegare** | to drown |
| **soffocare** | to suffocate |
| **cadere (da)** | to fall (from) |
| **cadere dalla finestra** | to fall out of the window |
| **prendere la scossa** | to get an electric shock |

| | |
|---|---|
| **rimanere fulminato** | to electrocute oneself |
| **bruciarsi** | to burn oneself |
| **scottarsi** | to scald oneself |
| **tagliarsi** | to cut oneself |
| **ubriaco** | drunk |
| **ferito** | injured |
| **morto** | dead |
| **grave** | serious |
| **assicurato** | insured |

## gli incidenti stradali — road accidents

| | |
|---|---|
| **un incidente** | accident |
| **un incidente d'auto** | car accident |
| **un incidente stradale** | road accident |
| **il codice della strada** | Highway Code |
| **uno scontro** | car crash, smash |
| **un tamponamento a catena** | pile-up |
| **l'urto** | impact |
| **un'esplosione** | explosion |
| **la corsia d'emergenza** | hard shoulder |
| **l'eccesso di velocità** | speeding |
| **l'alcotest** (*R*) (*m inv*) | Breathalyser (*R*) |
| **la guida in stato di ubriachezza** | drunk driving |
| **la stanchezza** | fatigue |
| **la scarsa visibilità** | poor visibility |
| **la nebbia** | fog |
| **la pioggia** | rain |
| **il ghiaccio** | (black) ice |
| **una scarpata** | escarpment |
| **un precipizio** | precipice |
| **un danno** | damage |

## altri incidenti — other accidents

| | |
|---|---|
| **un incidente sul lavoro** | industrial accident |
| **un incidente di montagna** | mountaineering accident |

| | |
|---|---|
| **una caduta** | fall |
| **l'annegamento** | drowning |
| **una scossa elettrica** | electric shock |
| **un incendio** | fire |

## i feriti e i testimoni — injured persons and witnesses

| | |
|---|---|
| **un contuso** | person suffering from cuts and bruises |
| **un ferito** | injured person |
| **un ferito grave** | seriously injured person |
| **un morto** | dead person |
| **un/una testimone** | witness |
| **un/una testimone oculare** | eye witness |
| **una commozione cerebrale** | concussion |
| **una ferita** | injury |
| **un'ustione** | burn |
| **il sangue freddo** | composure |

## i soccorsi — help

| | |
|---|---|
| **i servizi di pronto intervento** | emergency services |
| **la polizia, i carabinieri** | police |
| **i vigili del fuoco** | firemen |
| **il pronto soccorso** | first aid |
| **un caso urgente** | emergency case |
| **un'operazione d'urgenza** | emergency operation |
| **un'ambulanza** | ambulance |
| **un dottore/una dottoressa** | doctor |
| **un infermiere/un'infermiera** | nurse |
| **una valigetta del pronto soccorso** | first aid kit |
| **una lettiga** | stretcher |
| **la respirazione artificiale** | artificial respiration |
| **la respirazione bocca a bocca** | kiss of life |
| **l'ossigeno** | oxygen |

| | |
|---|---|
| **un laccio emostatico** | tourniquet |
| **un estintore** | extinguisher |
| **un carro attrezzi** | breakdown vehicle |

## le conseguenze — the consequences

| | |
|---|---|
| **i danni** | damages |
| **una denuncia** | report |
| **una multa** | fine |
| **la giustizia** | justice |
| **una condanna** | sentence |
| **l'assicurazione** (*f*) | insurance |
| **la responsabilità** (*inv*) | responsibility |

**è stato/a investito/a da una moto**
he/she got run over by a motorbike

**è fortunato/a! Se l'è cavata con qualche graffio**
he/she is lucky! He/she escaped with only a few scratches

**la mia macchina è da buttar via**
my car is a write-off

**gli/le hanno ritirato la patente per un anno**
he/she lost his/her driving licence for a year

See also sections **6 HEALTH, 26 CARS, 28 WHAT'S THE WEATHER LIKE?** and **52 DISASTERS**

# 52. LE CATASTROFI
## DISASTERS

| | |
|---|---|
| **attaccare** | to attack |
| **difendere** | to defend |
| **crollare** | to collapse |
| **morir(e) di fame** | to starve |
| **eruttare, entrare in eruzione** | to erupt |
| **esplodere, scoppiare** | to explode |
| **tremare** | to shake |
| **soffocare** | to suffocate |
| **bruciare** | to burn |
| **estinguere, spegnere** | to extinguish |
| **dare l'allarme** | to raise the alarm |
| **trarre in salvo** | to rescue |
| **affondare** | to sink |

## la guerra — war

| | |
|---|---|
| **le forze armate** | the armed forces |
| **l'esercito** | army |
| **la marina (militare)** | navy |
| **l'aeronautica (militare)** | air force |
| **il nemico** | enemy |
| **un alleato** | ally |
| **il campo di battaglia** | battlefield |
| **un bombardamento** | bombing |
| **una bomba (ad orologeria)** | (time) bomb |
| **le armi nucleari** | nuclear weapons |
| **una granata** | grenade |
| **un missile** | missile |
| **un razzo** | rocket |
| **un proiettile** | bullet |
| **un carro armato** | tank |
| **un'arma** | weapon, arm |
| **un fucile** | gun |
| **una mitragliatrice** | machine-gun |
| **una mina** | mine |

| | |
|---|---|
| **i civili** | civilians |
| **un rifugiato/una rifugiata** | refugee |
| **un soldato** | soldier |
| **un generale** | general |
| **un colonnello** | colonel |
| **un capitano** | captain |
| **un sergente** | sergeant |
| **la crudeltà** (*inv*) | cruelty |
| **la tortura** | torture |
| **la morte** | death |
| **una ferita** | wound |
| **una vittima** | victim |
| **un rifugio antiaereo** | air-raid shelter |
| **un rifugio antiatomico** | nuclear shelter |
| **la pioggia radioattiva** | radioactive fallout |
| **una tregua** | truce |
| **un trattato** | treaty |
| **la vittoria** | victory |
| **la sconfitta** | defeat |
| **la pace** | peace |

## le calamità naturali — natural disasters

| | |
|---|---|
| **la siccità** (*inv*) | drought |
| **la carestia** | famine |
| **la denutrizione** | malnutrition |
| **la mancanza di** | lack of |
| **un'epidemia** | epidemic |
| **un tornado** (*inv*) | tornado |
| **un ciclone** | cyclone |
| **un uragano** | hurricane, storm |
| **un maremoto** | tidal wave, seaquake |
| **un'alluvione, un'inondazione** | flooding |
| **un terremoto** | earthquake |
| **un vulcano** | volcano |
| **un'eruzione vulcanica** | volcanic eruption |
| **la lava** | lava |

| | |
|---|---|
| **una valanga** | avalanche |
| **una frana** | landslip, landslide |
| **l'organizzazione dei soccorsi** | relief organisation |
| **le operazioni di soccorso** | rescue operations |
| **una squadra di soccorso** | rescue team |
| **la Croce Rossa** | the Red Cross |
| **un volontario/una volontaria** | volunteer |
| **un salvataggio** | rescue |
| **un SOS** | SOS |

## gli incendi — fires

| | |
|---|---|
| **il fuoco, un incendio** | fire |
| **il fumo** | smoke |
| **le fiamme** | flames |
| **un'esplosione** | explosion |
| **i vigili del fuoco** | firemen, fire brigade |
| **un vigile del fuoco** | fireman |
| **un'autopompa** | fire engine |
| **una scala** | ladder |
| **un idrante** | hose |
| **l'uscita di sicurezza** | emergency exit |
| **il panico** | panic |
| **un'(auto)ambulanza** | ambulance |
| **la respirazione artificiale** | artificial respiration |
| **un sopravvissuto/una sopravvissuta** | survivor |

**aiuto!**
help!

**al fuoco!**
fire!

See also section **51 ACCIDENTS**

# 53. IL CRIMINE
CRIME

| | |
|---|---|
| **commettere un reato** | to commit an offence |
| **rubare** | to steal |
| **svaligiare** | to burgle, to rob |
| **assassinare** | to murder, assassinate |
| **uccidere, ammazzare** | to kill |
| **pugnalare** | to stab |
| **strangolare** | to strangle |
| **sparare (a)** | to shoot |
| **avvelenare** | to poison |
| **assalire** | to attack |
| **forzare** | to force |
| **stuprare, violentare** | to rape |
| **ricattare** | to blackmail |
| **truffare** | to swindle |
| **imbrogliare** | to con |
| **appropriarsi indebitamente** | to embezzle |
| **spiare** | to spy |
| **prostituirsi** | to prostitute oneself |
| **drogare, drogarsi** | to drug |
| **rapire, sequestrare** | to kidnap, abduct |
| **prendere in ostaggio** | to take hostage |
| **dar fuoco a** | to set fire to |
| **arrestare** | to arrest |
| **acchiappare** | to catch |
| **scappare** | to escape |
| **indagare** | to investigate |
| **condurre delle indagini** | to lead an investigation |
| **interrogare** | to question, to interrogate |
| **perquisire** | to search |
| **avere dei precedenti penali** | to have a police record |
| **ammanettare** | to handcuff |
| **pestare** | to beat up |
| **far parlare qualcuno** | to make someone talk |
| **mettere in prigione** | to imprison |

| | |
|---|---|
| **circondare** | to surround |
| **bloccare l'accesso a** | to seal off |
| **metter dentro** | to lock up |
| **salvare** | to rescue |
| **difendere** | to defend |
| **accusare** | to accuse |
| **processare** | to try |
| **condannare** | to sentence |
| **riconoscere colpevole** | to convict |
| **assolvere** | to acquit |
| **colpevole** | guilty |
| **innocente** | innocent |

## il crimine — crime

| | |
|---|---|
| **un furto** | theft |
| **un furto con scasso** | burglary |
| **una rapina** | hold-up |
| **un dirottamento aereo** | hijacking |
| **un attacco, un assalto** | attack |
| **un'aggressione a mano armata** | armed attack |
| **un omicidio** | murder |
| **una truffa** | fraud |
| **un ricatto** | blackmail |
| **uno stupro** | rape |
| **la prostituzione** | prostitution |
| **il traffico di stupefacenti** | drug trafficking |
| **il contrabbando** | smuggling |
| **lo spionaggio** | spying |
| **la malavita** | underworld |
| **un/una criminale** | criminal |
| **un pregiudicato/una pregiudicata** | previous offender, criminal |
| **un/una complice** | accomplice |
| **un ostaggio** | hostage |
| **un assassino/un'assassina** | murderer |
| **un ladro/una ladra** | thief |

| | |
|---|---|
| **uno scassinatore/una scassinatrice** | burglar |
| **un falsario/una falsaria** | forger, counterfeiter |
| **un ruffiano** | pimp |
| **un/una trafficante di droga** | drug dealer |
| **uno spacciatore/una spacciatrice di droga** | drug pusher |

## le armi — weapons

| | |
|---|---|
| **una pistola** | pistol |
| **un fucile** | gun, rifle |
| **una rivoltella** | revolver |
| **un coltello** | knife |
| **un pugnale** | dagger |
| **un veleno** | poison |
| **un tirapugni** | knuckle-duster |

## la polizia e i carabineri — police

| | |
|---|---|
| **un poliziotto, un carabiniere** | policeman |
| **un investigatore/un'investigatrice** | detective |
| **la squadra mobile** | Flying Squad |
| **un commissario** | superintendent |
| **un ispettore (di polizia)** | (police) inspector |
| **la (Squadra del) buoncostume** | Vice Squad |
| **la Repressione Frodi** | Fraud Squad |
| **un commissariato** | police station |
| **un verbale** | report |
| **le indagini** | investigations |
| **l'inchiesta** | enquiry |
| **un indizio** | clue |
| **le prove** | evidence |
| **un cane poliziotto** | police dog |

| | |
|---|---|
| **un informatore/ un'informatrice** | informer |
| **un manganello** | truncheon |
| **le manette** | handcuffs |
| **un casco** | helmet |
| **uno scudo** | shield |
| **il gas (*inv*) lacrimogeno** | tear gas |
| **il (furgone) cellulare** | police van |

## il sistema giudiziario — the judicial system

| | |
|---|---|
| **un caso (giudiziario)** | case |
| **un processo** | trial |
| **il tribunale** | court |
| **l'accusato/l'accusata** | accused |
| **la vittima** | victim |
| **una prova** | evidence |
| **un/una testimone** | witness |
| **un avvocato** | lawyer |
| **il pubblico ministero** | public prosecutor |
| **un giudice, un magistrato** | judge |
| **i giurati** | jurors |
| **la difesa** | defence |

| | |
|---|---|
| **la condanna** | sentence |
| **l'assoluzione (*f*)** | aquittal |
| **la condizionale** | suspended sentence |
| **una riduzione della pena** | reduced sentence |
| **un'ammenda** | fine |
| **la libertà vigilata** | probation |
| **la reclusione** | imprisonment |
| **la prigione, il carcere** | prison |
| **l'ergastolo** | life sentence |
| **la pena di morte** | death sentence |
| **la sedia elettrica** | electric chair |
| **l'impiccagione (*f*)** | hanging |
| **un errore giudiziario** | miscarriage of justice |

**è stato/a condannato/a a 20 anni di reclusione**
he/she was sentenced to 20 years' imprisonment

**la polizia sta indagando su questo caso**
the police are investigating this case

**al ladro!**
stop thief!

**lui l'ha minacciata con la pistola**
he threatened her with a gun

# 54. LE AVVENTURE E I SOGNI
# ADVENTURES AND DREAMS

| | |
|---|---|
| **giocare** | to play |
| **divertirsi** | to have fun |
| **immaginare** | to imagine |
| **succedere** | to happen |
| **nascondersi** | to hide |
| **scappar via** | to run off/away |
| **scappare** | to escape |
| **rincorrere** | to chase |
| **scoprire** | to discover |
| **esplorare** | to explore |
| **osare** | to dare |
| **(tra)vestirsi (da)** | to dress up (as) |
| **marinare la scuola** | to play truant |
| **giocare a nascondino** | to play hide-and-seek |
| **darsela a gambe** | to take to one's heels |
| **stregare** | to bewitch |
| **predire il futuro** | to tell fortunes |
| **sognare** | to dream |
| **sognare ad occhi aperti** | to daydream |
| **fare un sogno** | to have a dream |
| **avere un incubo** | to have a nightmare |

## le avventure — adventures

| | |
|---|---|
| **un'avventura** | adventure |
| **una disavventura** | misadventure |
| **un gioco** | game |
| **un viaggio** | journey |
| **una fuga, un'evasione** | escape |
| **un travestimento** | disguise |
| **un avvenimento** | event |
| **una scoperta** | discovery |
| **il caso** | chance |

| | |
|---|---|
| **la fortuna** | luck |
| **la sfortuna** | ill-luck |
| **un pericolo** | danger |
| **un rischio** | risk |
| **un nascondiglio** | hiding place |
| **una grotta** | cave |
| **un'isola** | island |
| **un tesoro** | treasure |
| **il coraggio** | courage |
| **l'audacia** | recklessness |
| **la vigliaccheria** | cowardice |

## le favole e le leggende — fairytales and legends

| | |
|---|---|
| **un mago** | wizard, magician, sorcerer |
| **una maga** | magician, sorceress |
| **una strega** | witch |
| **uno stregone** | sorcerer |
| **una fata** | fairy |
| **un profeta** | prophet |
| **un/una chiromante** | palmist, fortune teller |
| **uno gnomo** | gnome |
| **un diavoletto** | imp |
| **un folletto** | goblin, elf |
| **un nano** | dwarf |
| **un gigante** | giant |
| **un orco** | ogre |
| **un fantasma, uno spirito** | ghost |
| **uno scheletro** | skeleton |
| **un vampiro** | vampire |
| **un drago** | dragon |
| **un lupo mannaro** | werewolf |
| **un mostro** | monster |
| **un/un'extraterrestre** | extra-terrestrial |
| **una civetta, un gufo** | owl |
| **un rospo** | toad |
| **un gatto nero** | black cat |
| **un pipistrello** | bat |

| | |
|---|---|
| **un castello incantato** | enchanted castle |
| **un incantesimo** | spell |
| **un cimitero** | cemetery |
| **una nave spaziale** | space ship |
| **un ufo** (*inv*) | UFO |
| **l'universo** | universe |
| **la magia** | magic |
| **la superstizione** | superstition |
| **una bacchetta magica** | magic wand |
| **un tappeto volante** | flying carpet |
| **una scopa** | broomstick |
| **la sfera di cristallo** | crystal ball |
| **i tarocchi** | tarot cards |
| **le linee della mano** | lines of the hand |
| **la luna piena** | full moon |

## i sogni — dreams

| | |
|---|---|
| **un sogno** | dream |
| **un incubo** | nightmare |
| **la fantasia, l'immaginazione** (*f*) | imagination |
| **l'inconscio** | subconscious |
| **un'allucinazione** | hallucination |
| **il risveglio** | awakening |

**sai cosa mi è successo ieri?**
do you know what happened to me yesterday?

**hai rotto l'incantesimo!**
you have broken the spell!

**lavori troppo di fantasia**
you let your imagination run away with you

# 55. IL TEMPO
THE TIME

## oggetti per misurare il tempo — things that tell the time

| | |
|---|---|
| **un orologio** | watch, clock |
| **un orologio digitale** | digital watch |
| **una pendola** | clock |
| **una sveglia** | alarm clock |
| **un cronometro** | stopwatch |
| **l'ora esatta** | speaking clock |
| **un timer** (*inv*) | timer |
| **il campanile** | clock tower |
| **una campana** | bell |
| **una meridiana** | sun dial |
| **una clessidra** | hour glass |
| **le lancette dell'orologio** | hands of a watch |
| **la lancetta dei minuti** | minute hand |
| **la lancetta delle ore** | hour hand |
| **la lancetta dei secondi** | second hand |
| **un fuso orario** | time zone |
| **l'ora di Greenwich** | Greenwich Mean Time (GMT) |
| **l'ora legale** | Summer Time |
| **l'ora locale** | local time |

## che ore sono?/che ora è? — what time is it?

| | |
|---|---|
| **è l'una** | it's one o'clock |
| **sono le due/le tre/le undici** | it's two/three/eleven o'clock |
| **le otto del mattino** | eight am/in the morning |
| **le otto e cinque** | five (minutes) past eight |
| **le otto e un quarto** | a quarter past eight |
| **le dieci e trenta** | ten thirty |

| | |
|---|---|
| **le dieci e mezza** | half past ten |
| **le undici meno venti** | twenty to eleven |
| **le undici meno un quarto** | a quarter to eleven |
| **le dodici e un quarto** | twelve fifteen |
| **le due del pomeriggio, le quattordici** | two pm |
| **le quattordici e trenta** | two thirty (in the afternoon) |
| **le dieci di sera, le ventidue** | ten pm |

## le unità di tempo — divisions of time

| | |
|---|---|
| **l'ora** | time |
| **un'istante** | instant |
| **un momento, un'attimo** | moment |
| **un secondo** | second |
| **un minuto** | minute |
| **un quarto d'ora** | quarter of an hour |
| **mezz'ora** | half-an-hour |
| **tre quarti d'ora** | three quarters of an hour |
| **un'ora** | hour |
| **un'ora e mezza** | an hour and a half |
| **il giorno, la giornata** | day |
| **l'alba** | sunrise |
| **la mattina, il mattino, la mattinata** | morning |
| **il mezzogiorno** | noon |
| **il pomeriggio** | afternoon |
| **la sera, la serata** | evening |
| **il crepuscolo** | dusk |
| **il tramonto** | sunset |
| **la notte, la nottata** | night |
| **mezzanotte** | midnight |

## essere in ritardo/in orario — being late/on time

| | |
|---|---|
| **partire/uscire in orario** | to leave on time |
| **essere in anticipo** | to be early, to be ahead of schedule |
| **essere puntuale** | to be on time |

| | |
|---|---|
| **arrivare in orario** | to arrive in time |
| **essere in ritardo** | to be late |
| **avere ritardo** | to be behind schedule |
| **affrettarsi** | to hurry (up) |
| **aver fretta** | to be in a hurry |

## quando? when?

| | |
|---|---|
| **quando** | when |
| **prima** | before |
| **dopo** | after |
| **durante** | during |
| **mentre** | while |
| **presto** | early |
| **tardi** | late |
| | |
| **ora, adesso** | now |
| **al/in questo momento** | at the moment |
| **subito** | straightaway |
| **immediatamente** | immediately |
| **già** | already |
| **tra poco, a momenti** | shortly, presently |
| **poco fa** | a short while ago |
| **presto** | soon |
| **poi, dopo** | then |
| **allora** | at that time, then |
| **di recente** | recently |
| **nel frattempo, intanto** | meanwhile |
| **per ora, per adesso** | for the time being |
| **per tanto/breve tempo** | for a long/short time |
| **tanto tempo fa** | a long time ago |
| **sempre** | always |
| **spesso** | often |
| **mai** | never |
| **qualche volta, a volte** | sometimes |

**sono le due (esatte)**
it's two o'clock (exactly)

**ci incontreremo alle 4 in punto**
we'll meet at 4 o'clock sharp

**scusi, ha l'ora esatta?**
do you have the exact time?

**a che ora chiudono i negozi?**
what time do the shops close?

**sono circa le due**
it's about two o'clock

**è arrivato/a verso le tre**
he/she arrived at around three

**sarà stata mezzanotte quando se n'è andato/a**
it must have been midnight when he/she left

**il mio orologio va avanti/è indietro**
my watch is fast/slow

**ho regolato l'orologio**
I've set my watch to the right time

**non ho tempo di uscire**
I haven't time to go out

**sbrigati a vestirti**
hurry up and get dressed

**non è ancora ora**
it's not time yet

**vado a scuola la/di mattina**
I go to school in the morning

**ho passato la mattinata a studiare**
I spent the morning studying

# 56. LA SETTIMANA
THE WEEK

| | |
|---|---|
| **lunedì** (*m*) | Monday |
| **martedì** (*m*) | Tuesday |
| **mercoledì** (*m*) | Wednesday |
| **giovedì** (*m*) | Thursday |
| **venerdì** (*m*) | Friday |
| **sabato** | Saturday |
| **domenica** | Sunday |
| **il fine settimana** (*inv*), **il week-end** (*inv*) | week end |
| **un giorno, una giornata** | day |
| **una settimana** | week |
| **quindici giorni, due settimane** | fortnight |
| **oggi** | today |
| **domani** | tomorrow |
| **dopodomani** | the day after tomorrow |
| **ieri** | yesterday |
| **l'altroieri, ieri l'altro** | the day before yesterday |
| **il giorno prima** | the day before |
| **il giorno dopo, l'indomani** | the day after |
| **due giorni dopo** | two days later |
| **questa settimana** | this week |
| **la settimana prossima** | next week |
| **la settimana dopo** | the following week |
| **la settimana scorsa** | last week |
| **l'ultima settimana** | the last week |
| **lunedì scorso** | last Monday |
| **lunedì prossimo** | next Monday |
| **oggi (a) otto** | in a week's time, a week today |
| **fra quindici giorni** | in two weeks' time |
| **ieri mattina** | yesterday morning |
| **ieri sera** | yesterday evening |
| **stamattina** | this morning |

| | |
|---|---|
| **questo pomeriggio** | this afternoon |
| **stasera** | this evening, tonight |
| **stanotte** | tonight |
| **domattina** | tomorrow morning |
| **domani sera** | tomorrow evening |
| **tre giorni fa** | three days ago |
| **di giorno/di notte** | during the day/night |
| **giorno per giorno** | day by day |
| **un giorno sì e un giorno no** | on alternate days |

**giovedì sono andato/a in piscina**
on Thursday I went to the swimming pool

**il giovedì vado in piscina**
on Thursdays I go to the swimming pool

**vado in piscina tutti i giovedì**
I go to the swimming pool every Thursday

**viene a trovarmi tutti i giorni**
he/she comes to see me every day

**ci vediamo domani!/a domani!**
see you tomorrow!

# 57. L'ANNO
THE YEAR

## i mesi dell'anno — the months of the year

| | |
|---|---|
| **gennaio** | January |
| **febbraio** | February |
| **marzo** | March |
| **aprile** | April |
| **maggio** | May |
| **giugno** | June |
| **luglio** | July |
| **agosto** | August |
| **settembre** | September |
| **ottobre** | October |
| **novembre** | November |
| **dicembre** | December |
| **un mese** | month |
| **un trimestre** | quarter |
| **un anno** | year |
| **un decennio** | decade |
| **un secolo** | century |

## le stagioni — the seasons

| | |
|---|---|
| **una stagione** | season |
| **la primavera** | spring |
| **l'estate** (*f*) | summer |
| **l'autunno** | autumn |
| **l'inverno** | winter |

## le feste — festivals

| | |
|---|---|
| **un giorno festivo** | public holiday |
| **la vigilia di Natale** | Christmas Eve |
| **il Natale** | Christmas |
| **San Silvestro** | New Year's Eve |
| **il capodanno** | New Year's Day |

| | |
|---|---|
| **l'Epifania, la Befana** | Epiphany |
| **il martedì grasso** | Shrove Tuesday |
| **le Ceneri** | Ash Wednesday |
| **il venerdì santo** | Good Friday |
| **la Pasqua** | Easter |
| **il lunedì dell'Angelo** | Easter Monday |
| **la Pentecoste** | Whitsun |
| **il Ferragosto** | 15th August |
| **san Valentino** | St Valentine's Day |
| **il primo d'aprile** | April Fools' Day |
| **il compleanno** | birthday |
| **l'onomastico** | name day |

**il mio compleanno cade in febbraio**
my birthday is in February

**l'estate è la mia stagione preferita**
summer is my favourite season

**piove spesso d'inverno/d'estate**
it often rains in winter/summer

**fa abbastanza caldo in primavera/in autunno**
it's quite warm in spring/in autumn

See also sections **55 THE TIME, 56 THE WEEK** and **58 THE DATE**

# 58. LA DATA
THE DATE

| | |
|---|---|
| **risalire (a)** | to date (from) |
| **durare** | to last |
| **il presente** | present |
| **il passato** | past |
| **il futuro, l'avvenire** (*m*) | future |
| **la storia** | history |
| **la preistoria** | prehistory |
| **l'antichità** | antiquity |
| **il medioevo** | Middle Ages |
| **il rinascimento** | Renaissance |
| **il quattrocento, il '400** | 15th century |
| **il cinquecento, il '500** | 16th century |
| **la rivoluzione francese** | French Revolution |
| **la rivoluzione industriale** | Industrial Revolution |
| **il ventesimo secolo, il novecento** | twentieth century |
| **il millenovecentonovanta-quattro** | 1994 |
| **il 2000** | the year 2000 |
| **la data** | date |
| **la cronologia** | chronology |
| **attuale** | present, current |
| **moderno** | modern |
| **contemporaneo** | contemporary |
| **passato** | past |
| **futuro** | future |
| **annuale** | annual, yearly |
| **trimestrale** | quarterly |
| **mensile** | monthly |
| **settimanale** | weekly |
| **quotidiano, giornaliero** | daily |
| **in passato** | in the past |
| **un tempo, una volta** | in times past |

| | |
|---|---|
| **precedentemente** | formerly |
| **per molto tempo** | for a long time |
| **mai** | never |
| **sempre** | always |
| **a volte, qualche volta** | sometimes |
| **quando** | when |
| **da (quando)** | since |
| **di nuovo** | again |
| **ancora** | still, yet |
| **allora, a quel tempo** | at that time |
| **avanti Cristo, a.C.** | BC |
| **dopo Cristo, d.C.** | AD |

**che giorno è oggi?**
what date is it today?

**è il primo giugno 1988**
it's the first of June 1988

**è il 15 (di) agosto/è ferragosto**
it's the 15th of August

**quand'è il tuo compleanno?/quando compi gli anni?**
when is your birthday?

**tornerà entro il 16 (di) luglio**
he/she'll be back by the 16th of July

**se n'è andato/a un anno fa**
he/she left a year ago

**c'era una volta...**
once upon a time ...

See also sections **55 THE TIME, 56 THE WEEK** and **57 THE YEAR**

# 59. I NUMERI
NUMBERS

| | |
|---|---|
| **zero** | zero, nought |
| **uno** | one |
| **due** | two |
| **tre** | three |
| **quattro** | four |
| **cinque** | five |
| **sei** | six |
| **sette** | seven |
| **otto** | eight |
| **nove** | nine |
| **dieci** | ten |
| **undici** | eleven |
| **dodici** | twelve |
| **tredici** | thirteen |
| **quattordici** | fourteen |
| **quindici** | fifteen |
| **sedici** | sixteen |
| **diciassette** | seventeen |
| **diciotto** | eighteen |
| **diciannove** | nineteen |
| **venti** | twenty |
| **ventuno** | twenty-one |
| **ventidue** | twenty-two |
| **trenta** | thirty |
| **quaranta** | forty |
| **cinquanta** | fifty |
| **sessanta** | sixty |
| **settanta** | seventy |
| **ottanta** | eighty |
| **novanta** | ninety |
| **cento** | a/one hundred |
| **centouno** | a/one hundred and one |
| **centosessantadue** | a/one hundred and sixty-two |
| **duecento** | two hundred |
| **duecentodue** | two hundred and two |

| | |
|---|---|
| **mille** | a/one thousand |
| **duemila** | two thousand |
| **cinquemila** | five thousand |
| **diecimila** | ten thousand |
| **centomila** | a/one hundred thousand |
| **un milione** | a/one million |
| **un miliardo** | a/one thousand million |
| **primo** | first |
| **secondo** | second |
| **terzo** | third |
| **quarto** | fourth |
| **quinto** | fifth |
| **sesto** | sixth |
| **settimo** | seventh |
| **ottavo** | eighth |
| **nono** | ninth |
| **decimo** | tenth |
| **undicesimo** | eleventh |
| **dodicesimo** | twelfth |
| **tredicesimo** | thirteenth |
| **quattordicesimo** | fourteenth |
| **quindicesimo** | fifteenth |
| **sedicesimo** | sixteenth |
| **diciassettesimo** | seventeenth |
| **diciottesimo** | eighteenth |
| **diciannovesimo** | nineteenth |
| **ventesimo** | twentieth |
| **ventunesimo** | twenty-first |
| **ventiduesimo** | twenty-second |
| **trentesimo** | thirtieth |
| **quarantesimo** | fortieth |
| **cinquantesimo** | fiftieth |
| **sessantesimo** | sixtieth |
| **settantesimo** | seventieth |
| **ottantesimo** | eightieth |
| **novantesimo** | ninetieth |
| **centesimo** | hundredth |
| **centoventesimo** | hundred and twentieth |
| **duecentesimo** | two hundredth |

| | |
|---|---|
| **millesimo** | thousandth |
| **ultimo** | last |
| **una cifra** | figure |
| **un numero** | number |

**una trentina/una cinquantina/un centinaio/un migliaio**
about thirty/fifty/a hundred/a thousand

**mille/due mila lire**
one thousand/two thousand lire

**un milione/due milioni di sterline**
one million/two million pounds

**una volta/due volte/tre volte**
once/twice/three times

**due virgola tre (2,3)**
two point three (2.3)

**il cinquanta per cento**
fifty per cent

**5.359**
5,359

**Enrico VIII (ottavo)**
Henry VIII (the Eighth)

**Giovanni Paolo II (secondo)**
John Paul II (the Second)

# 60. LE QUANTITÀ
## QUANTITIES

| | |
|---|---|
| **calcolare** | to calculate |
| **contare** | to count |
| **pesare** | to weigh |
| **misurare** | to measure |
| | |
| **spartirsi** | to share |
| **dividere** | to divide |
| **distribuire** | to distribute |
| **riempire** | to fill |
| **(s)vuotare** | to empty |
| **togliere, levare** | to remove |
| **diminuire** | to lessen |
| **ridurre** | to reduce |
| **abbassare** | to lower |
| **aumentare** | to increase |
| **aggiungere** | to add |
| **bastare** | to be enough |
| | |
| **niente, nulla** | nothing |
| **tutto** | everything |
| **tutto il/tutta la...** | all the ..., the whole ... |
| **tutte le/tutti i...** | all the ..., every ... |
| **qualcosa** | something, anything |
| **qualche** | some, a few |
| **parecchi/parecchie** | several |
| **ogni** | each, every, all |
| **poco/a** | little |
| **pochi/e** | few |
| **un po'** | a little |
| **un po' di** | a little bit of, some |
| **molto/a, tanto/a** | a lot, much |
| **molti/e, tanti/e** | many, lots of |
| **non...più** | no more |
| **più (di)** | more |
| **meno (di)** | less |
| **la maggior parte (di)** | most |

| | |
|---|---|
| **abbastanza** | enough |
| **troppo** | too much |
| **circa** | about |
| **quasi** | almost |
| **più o meno** | more or less |
| **appena** | scarcely, just |
| **proprio** | just |
| **al massimo** | at the most |
| **ancora (una volta)** | (once) again |
| **solo, soltanto** | only |
| **almeno** | at least |
| **la metà (di)** | half (of) |
| **un quarto (di)** | a quarter (of) |
| **un terzo (di)** | a third (of) |
| **uno e mezzo** | one and a half |
| **due terzi** | two thirds |
| **tre quarti** | three quarters |
| **l'intero** | the whole |
| **raro** | rare |
| **numeroso** | numerous |
| **innumerevole** | innumerable |
| **uguale** | equal |
| **disuguale** | unequal |
| **supplementare** | extra |
| **pieno** | full |
| **vuoto** | empty |
| **unico** | single |
| **doppio** | double |
| **triplo** | treble |
| **un mucchio (di)** | a heap (of) |
| **un pezzo (di)** | a piece (of) |
| **una fetta (di)** | a slice (of) |
| **un bicchiere (di)** | a glass (of) |
| **un piatto (di)** | a plate (of) |
| **una scatola (di)** | a box (of) |
| **un barattolo (di)** | a tin (of) |
| **un pacchetto (di)** | a packet (of) |
| **un cucchiaio (di)** | a spoonful (of) |

| | |
|---|---|
| **un pizzico (di)** | a pinch/bit (of) |
| **un pugno (di)** | a handful (of) |
| **un paio (di)** | a pair (of) |
| **una gran quantità (di)** | a large number (of), masses (of) |
| **una massa (di gente)** | a crowd (of people) |
| **una parte (di)** | a part (of), a share of |
| **una (mezza) dozzina (di)** | (half) a dozen (of) |
| **centinaia** | hundreds |
| **migliaia** | thousands |
| **il resto (di)** | the rest (of) |
| **la quantità** (*inv*) | quantity |
| **un numero** | number |
| **l'infinito** | infinity |
| **la media** | average |

## i pesi e le misure — weights and measurements

| | |
|---|---|
| **un'oncia** | ounce |
| **un grammo** | gramme |
| **cento grammi, un etto(grammo)** | a hundred grams |
| **una libbra** | pound |
| **un chilo** | kilo |
| **una tonnellata** | ton |
| **un litro** | litre |
| **una pinta** | pint |
| **un centimetro** | centimetre |
| **un metro** | metre |
| **un chilometro** | kilometre |
| **un miglio** | mile |

See also section **59 NUMBERS**

# 61. PER DESCRIVERE LE COSE
## DESCRIBING THINGS

| | |
|---|---|
| **la misura, la dimensione** | size |
| **la larghezza** | width, breadth |
| **l'altezza** | height |
| **la profondità** (*inv*) | depth |
| **la bellezza** | beauty |
| **l'aspetto** | appearance |
| **la forma** | shape |
| **una qualità** (*inv*) | quality |
| **un difetto** | defect |
| **un vantaggio** | advantage |
| **uno svantaggio** | disadvantage |
| **grande** | big, large, tall |
| **piccolo** | small, short |
| **enorme** | enormous |
| **minuscolo** | tiny |
| **microscopico** | microscopic |
| **largo** | wide, large |
| **stretto** | narrow |
| **spesso** | thick |
| **grosso** | big, large, thick |
| **sottile** | thin |
| **snello** | slim |
| **piatto** | flat |
| **profondo** | deep |
| **superficiale** | shallow, superficial |
| **lungo** | long |
| **corto** | short |
| **alto** | high, tall |
| **basso** | low, short |
| **affascinante, incantevole** | charming |
| **delizioso** | lovely |
| **bello** | beautiful, handsome |
| **buono** | good |
| **migliore** | better |

| | |
|---|---|
| **il migliore** | the best |
| **carino** | pretty, cute |
| **meraviglioso, stupendo** | marvellous |
| **magnifico** | magnificent |
| **fantastico** | fantastic |
| **notevole** | remarkable |
| **eccezionale** | exceptional |
| **straordinario** | extraordinary |
| **eccellente, ottimo** | excellent |
| **perfetto** | perfect |
| **brutto** | ugly, bad |
| **cattivo** | bad |
| **mediocre** | mediocre |
| **peggiore** | worse |
| **il peggiore** | the worst |
| **pessimo** | very bad, awful |
| **spaventoso** | appalling |
| **orrendo** | dreadful |
| **atroce** | atrocious |
| **difettoso** | defective |
| **leggero** | light |
| **pesante** | heavy |
| **duro** | hard |
| **solido** | firm, solid |
| **lucido** | shiny |
| **robusto** | sturdy |
| **soffice** | soft |
| **tenero** | tender |
| **delicato** | delicate |
| **fine** | fine |
| **liscio** | smooth |
| **caldo** | warm, hot |
| **freddo** | cold |
| **tiepido** | lukewarm |
| **asciutto** | dry |
| **bagnato** | wet |
| **umido** | damp |
| **liquido** | liquid |

| | |
|---|---|
| **semplice** | simple |
| **complicato** | complicated |
| **difficile** | difficult |
| **facile** | easy |
| **pratico** | handy |
| **utile** | useful |
| **inutile** | useless |
| | |
| **vecchio** | old |
| **antico** | ancient |
| **nuovo** | new |
| **moderno** | modern |
| **fuori moda** | out of date |
| **fresco** | fresh, cool |
| **pulito** | clean |
| **sporco** | dirty |
| **disgustoso** | disgusting |
| **logoro** | worn out |
| **di ottima/cattiva qualità** | top/poor quality |
| | |
| **curvo** | curved |
| **d(i)ritto** | straight |
| **rotondo** | round |
| **circolare** | circular |
| **ovale** | oval |
| **rettangolare** | rectangular |
| **quadrato** | square |
| **triangolare** | triangular |
| | |
| **molto, tanto, assai** | very |
| **troppo** | too |
| **piuttosto, abbastanza** | rather |
| **bene** | well |
| **male** | badly |
| **meglio** | better |
| **il meglio** | the best |

**com'è?**
what's it like?

See also section **62 COLOURS**

# 62. I COLORI
## COLOURS

| | |
|---|---|
| **un colore** | colour |
| **arancio** (*inv*), **arancione** | orange |
| **azzurro** | sky blue |
| **beige** (*inv*) | beige |
| **bianco** | white |
| **bianco sporco** (*inv*) | off-white |
| **blu** (*inv*) | blue |
| **color carne** (*inv*) | flesh-coloured |
| **d'argento** (*inv*) | silver |
| **dorato** | golden |
| **d'oro** (*inv*) | gold |
| **giallo** | yellow |
| **grigio** | grey |
| **malva** (*inv*) | mauve |
| **marrone** | brown |
| **nero** | black |
| **rosa** (*inv*) | pink |
| **rosso** | red |
| **turchese** | turquoise |
| **verde** | green |
| **viola** (*inv*) | purple |
| **scuro** | dark |
| **chiaro** | light |
| **vivace** | bright |
| **pallido** | pale |
| **in tinta unita** | plain |
| **multicolore** | multicoloured |
| **verde chiaro/scuro** | light/dark green |

**di che colore è?**
what colour is it?

# 63. I MATERIALI
MATERIALS

| | |
|---|---|
| **vero** | real |
| **naturale** | natural |
| **sintetico** | synthetic |
| **artificiale** | artificial |
| **il materiale** | material, substance |
| **la composizione** | composition |
| **la sostanza** | substance |
| **una materia prima** | raw material |
| **un prodotto** | product |
| **la terra** | earth |
| **l'acqua** | water |
| **l'aria** | air |
| **il fuoco** | fire |
| **la pietra** | stone |
| **la roccia** | rock |
| **il minerale** | ore, mineral |
| **le pietre preziose** | precious stones |
| **il cristallo** | crystal |
| **il marmo** | marble |
| **il granito** | granite |
| **il diamante** | diamond |
| **l'arenaria** | sandstone |
| **l'argilla** | clay |
| **l'ardesia** | slate |
| **il carbone** | coal, charcoal |
| **il petrolio** | oil, petroleum |
| **il gas** (*inv*) | gas |
| **il metallo** | metal |
| **l'alluminio** | aluminium |
| **il bronzo** | bronze |
| **il rame** | copper |
| **l'ottone** (*m*) | brass |
| **lo stagno** | tin |

| | |
|---|---|
| **il peltro** | pewter |
| **il ferro** | iron |
| **l'acciaio** | steel |
| **il piombo** | lead |
| **l'oro** | gold |
| **l'argento** | silver |
| **il platino** | platinum |
| **il fil di ferro** | wire |
| **il legno** | wood |
| **il pino** | pine |
| **il bambù** | cane, bamboo |
| **i vimini** | wickerwork |
| **la paglia** | straw |
| **il compensato** | plywood |
| **il cemento (armato)** | (reinforced) concrete |
| **il cemento** | cement |
| **un mattone** | brick |
| **il gesso** | plaster |
| **lo stucco** | putty, plaster |
| **la colla** | glue |
| **il vetro** | glass |
| **il cartone** | cardboard |
| **la carta** | paper |
| **la plastica** | plastic |
| **la gomma** | rubber |
| **la terracotta** | earthenware |
| **la ceramica** | baked clay |
| **la porcellana** | china, porcelain |
| **il cuoio** | leather |
| **la cera** | wax |
| **la pelle** | leather |
| **la pelliccia** | fur |
| **la pelle scamosciata** | suede |
| **l'acrilico** | acrylic |
| **il cotone** | cotton |
| **il pizzo** | lace |
| **il raso** | satin |

| | |
|---|---|
| **la lana** | wool |
| **il lino** | linen |
| **la canapa** | hemp |
| **il nailon** (*inv*) | nylon |
| **il poliestere** | polyester |
| **la seta** | silk |
| **un tessuto sintetico** | synthetic material |
| **una fibra sintetica** | man-made fibre |
| **la tela** | canvas |
| **la tela cerata** | oilcloth |
| **il tweed** (*inv*) | tweed |
| **il cachemire** (*inv*) | cashmere |
| **il velluto** | velvet |
| **il velluto a coste** | cord |

**questa casa è fatta di legno**
this house is made of wood

**un cucchiaio di legno**
a wooden spoon

**l'Età del Ferro**
the Iron Age

# 64. LE DIREZIONI
DIRECTIONS

| | |
|---|---|
| **chiedere** | to ask |
| **indicare** | to show, to point out |
| **mostrare** | to show |
| **prenda** | take |
| **continui** | keep going |
| **segua** | follow |
| **oltrepassi** | go past |
| **ritorni** | go back |
| **faccia marcia indietro** | reverse |
| **giri a destra** | turn right |
| **giri a sinistra** | turn left |

## le direzioni — directions

| | |
|---|---|
| **la sinistra** | left |
| **la destra** | right |
| **a sinistra** | on/to the left |
| **a destra** | on/to the right |
| **sempre d(i)ritto** | straight ahead/on |
| **dove** | where |
| **sopra** | on, above |
| **sotto** | under |
| **lungo** | along |
| **accanto a, vicino a** | beside, next to |
| **in mezzo a** | in the middle of |
| **davanti a, di fronte a** | in front of |
| **dietro a** | behind |
| **in fondo a** | at the end/bottom of |

## i punti cardinali — the points of the compass

| | |
|---|---|
| **il sud** | south |
| **il nord** | north |
| **l'est** (*m*) | east |

| | |
|---|---|
| **l'ovest** (*m*) | west |
| **il nordest** | north-east |
| **il sudovest** | south-west |
| | |
| **dopo** | after |
| **dopo il semaforo** | after the traffic lights |
| **appena prima di** | just before |
| **per...metri** | for ... metres |
| **al prossimo incrocio** | at the next crossroads |
| **la prima a destra** | first on the right |
| **la seconda a sinistra** | second on the left |

**mi può indicare la strada per la stazione?**
can you tell me the way to the station?

**come faccio per andare al teatro dell'Opera?**
how do I get to the Opera House?

**è lontano da qui?**
is it far from here?

**a dieci minuti da qui**
ten minutes from here

**a 100 metri da qui**
100 metres away

**a sud di Padova**
south of Padua

**Londra si trova nell'Inghilterra del sud**
London is in the south of England

# 65. ABBREVIAZIONI
ABBREVIATIONS

| | |
|---|---|
| **a.C. (avanti Cristo)** | BC |
| **A.C.I. (Automobile Club d'Italia)** | Italian Automobile Association |
| **avv. (avvocato)** | lawyer |
| **C (Celsius)** | C |
| **ca. (circa)** | approx |
| **cap. (capitolo)** | chapter |
| **C.A.P. (codice di avviamento postale)** | post code |
| **c/c (conto corrente)** | current account |
| **cfr. (confronta)** | cf |
| **C.P. (casella postale)** | PO Box |
| **C.R.I. (Croce Rossa Italiana)** | Italian Red Cross |
| **CV (cavallo vapore)** | hp (horse power) |
| **D.C. (Democrazia Cristiana)** | Christian Democratic Party |
| **d.C. (dopo Cristo)** | AD |
| **D.O.C. (denominazione d'origine controllata)** | wine quality mark |
| **Dott./Dr. (dottore)** | Dr. |
| **Dott.ssa (dottoressa)** | Dr. (*woman*) |
| **E (est)** | E (East) |
| **ecc. (eccetera)** | etc |
| **Egr.Sig. (egregio signore)** | Mr.(*in letters*) |
| **es. (esempio)** | eg |
| **F.S. (Ferrovie dello Stato)** | Italian State Railways |
| **f.to (firmato)** | signed |
| **ing. (ingegnere)** | engineer |
| **kmq (chilometro quadrato)** | $km^2$ |
| **Lit. (lire italiane)** | Italian lire |
| **L.st. (lira sterlina)** | pound |
| **mitt. (mittente)** | sender |
| **N (nord)** | N (North) |
| **n., N° (numero)** | no. |

| | |
|---|---|
| **N.B. (nota bene)** | NB |
| **ns. (nostro)** | our, ours |
| **O (ovest)** | W (West) |
| **on. (onorevole)** | MP |
| **pag. (pagina/e)** | p, pp (page(s)) |
| **P.C.I. (Partito Comunista Italiano)** | Italian Communist Party |
| **P.T. (Poste e Telecomunicazioni)** | Post Office (*equiv*) |
| **prof. (professore)** | Prof |
| **P.S. (Pubblica Sicurezza)** | Police |
| **P.S. (post scriptum)** | PS |
| **p.zza (piazza)** | Sq |
| **p.le (piazzale)** | Sq |
| **rag. (ragioniere)** | CA (chartered accountant) |
| **R.A.I. (Radio Audizioni Italiane)** | Italian Broadcasting Company |
| **Rep. (repubblica)** | Rep |
| **rev. (reverendo)** | Rev (Reverend) |
| **R.U. (Regno Unito)** | UK |
| **S (sud)** | S (South) |
| **S. (santo/a)** | St (Saint) |
| **sec. (secolo)** | century |
| **seg. (seguente)** | foll (following) |
| **Sig. (signor)** | Mr |
| **Sig.a (signora)** | Mrs |
| **Sigg. (signori)** | Messrs |
| **Sig.na (signorina)** | Miss |
| **SIP (Società Idroelettrica per le Telecomunicazioni)** | Italian Telephone Company |
| **s.l.m. (sul livello del mare)** | above sea level |
| **tbc (tubercolosi)** | TB |
| **tel. (telefono)** | tel |
| **v. (vedi)** | see |
| **v.le (viale)** | Ave |
| **vs. (vostro)** | your, yours |

# INDEX


A level 30
a lot 14
able 30
about 60
above 64
absent 30
accelerate 26
accent 48
accept (*to*) 10
accident 51
accidentally 50
accompany (*to*) 22
accuse (*to*) 53
active 11
actor 10
address 8, 35
adore (*to*) 14
adult 9
adventure 54
advertisement 10, 21
advise (*to*) 6
aerial 21, 24
after 55
after-shave 3
afternoon 55
against 32
age 9
air 63
air mattress 43
airmail 35
airport 25, 40
alcohol 32
alive 6
all 60
allow (*to*) 11
allowed 26
almost 34
alone 22
Alps 46
always 55, 58
ambitious 10
ambulance 51
America 46
American 47
amusing 11
ancient 61
anger 12
animal 27
ankle 4
annual 58
anorak 2
answer 30
answer (*to*) 30, 36
aperitif 16
apologize (*to*) 37
appalling 61
appetite 13
apple 16
appliance 17
appointment 6
approve (*to*) 34
apricot 16
architect 10
argue (*to*) 32
argument 32
arm 4
armchair 23, 24
arrest (*to*) 53
arrival 39
arrive (*to*) 7, 41
article 21
artificial 63
artist 10
ashtray 16, 24
asleep 5
aspirin 6
athlete 19
Atlantic 46
audience 22
aunt 29
automatic 26
autumn 57
avalanche 28
avenue 25

baby 9, 29
back 4
backache 6
bad 11, 28, 61
bag 18
baker 10
bakery 18
balcony 24, 42
ball 19
ballet 22
banana 16
bandage 6
bank 31
bank account 31
banknote 31
bar 22
bark (*to*) 27
basement 24
basin 17
basketball 19
bath 15
bathroom 24, 42
bathtub 24
battery 26
beach 44
beard 3
beat (*to*) 19, 20
beautiful 1, 61
beauty 3, 61
because 34
become (*to*) 10
bed 23, 42
bedroom 24
bedside table 23
beef 16
beer 16
before 55
beginning 7
behave (*to*) 11

behind 64
beige 62
believe (*to*) 32
belt 2
beside 64
best wishes 37
better 61
bicycle 19
bidet 24
big 61
bikini 2
bill 22, 42
bin 24
biology 30
bird 27
birth 9
birthday 22, 57
biscuit 16
black 1, 62
blanket 15
bless you 37
blind 6
block of flats 24
blond 3
blood 4
blouse 2
blue 62
boat 44
body 4
bomb 52
bomber jacket 2
book 20
book (*to*) 22, 38, 39
book of tickets 41
bookcase 23, 24
booking 42
bookshop 18
boot 26
boots 2
border 38
bored 20
boring 10
born 8, 9
boss 10
bottle 17
bottom 4
boy 8
boyfriend 29
brake 26
bread 16
bread and butter 16
break 30
break (*to*) 50
break one's leg (*to*) 6
breakdown 26
breakdown vehicle 51
breakfast 15, 16, 42
bridge 25
bring (*to*) 7
brochure 38
broken 6
broom 17
brother 29
brown 1, 3, 62
brush 15
brush (*to*) 15
budget 31
buffet 39
build (*to*) 20
building 25
burn (*to*) 51
bus 41
bus station 41
business 10
but 34
butcher 10
butcher's 18
butter 16
button 2
buy (*to*) 18, 31
by 41

cabbage 16
café 22
cake 16
cake shop 18
call (*to*) 36
call back (*to*) 36
called 8
calm 11
camera 20
camp (*to*) 43
camper 43
camping 43
campsite 43
Canada 46
Canadian 47
cancel 38
candle 24
capital 45
car 26
car crash 51
car mechanic 26
car park 25
caravan 43
cards 20
career 10
careful 11
carnival 49
cartoon 22
cashdesk 31
cassette 24
castle 25
cat 27
catch (*to*) 6
cathedral 25
Catholic 8
cauliflower 16
cause (*to*) 50
cellar 24
cemetery 25
centimetre 60
central heating 24
century 57
certificate 10, 30
chair 23, 24
champion 19
championship 19
change 18, 31
change (*to*) 28, 31, 41
changeable 28
channel 21
character 11
charming 11

# INDEX


cheap 18
check (*to*) 26
check in (*to*) 40
cheers 37
cheese 16
chemist 10
chemist's 18
chemistry 30
chequebook 31
cherry 16
chest 4
chicken 16
child 9
chips 16
chocolate 16
choice 14
choir 20
choke 26
choose (*to*) 14
christen (*to*) 8
Christmas 57
church 25
cider 16
cigar 16
cigarette 16
cine-camera 20
cinema 22
citizen 33
city centre 25
class 30, 39
classified ads 21
classroom 30
clean 61
clean (*to*) 17
clear the table (*to*) 17
cliff 45
climate 28
clinic 6
clock 55
close (*to*) 7
closed 42
clothes 2
cloud 28
cloudy 28
clutch 26
coach (*of train*) 39
coast 44
coat 2
coffee 16
coincidence 50
coke 16
cold 6, 28, 61
collar 2
colleague 10
collection 20
collection (*of mail*) 35
college 30
colour 62
come (*to*) 7
come back (*to*) 7
comedy 22
comic 23
comic book 20
communism 33
communist 33
company 10
compare 14
comparison 14
compartment 39
complaint 42
complicated 61
compulsory 26
computer 24
concert 22
congratulations 37
connection 39
conservative 33
constipated 6
consulate 49
contents 35
continue (*to*) 7
convince (*to*) 34
cook 10
cook (*to*) 17, 20
cooker 17
corner 24
cost (*to*) 18
cotton 63
cotton wool 6
couchette 39
cough mixture 6
council flat 24
count (*to*) 60
counter 31
country 8, 45, 46
courage 54
course 16
cousin 29
cow 27
cream 16
credit 31
credit card 31
crisis 33
crisps 16
criticism 34
criticize (*to*) 34
cross (*to*) 7, 26
crossroad 26
cry 12
cucumber 16
cup 17
cupboard 23, 24
currency 31
current account 31
curtain 23
customer 18
customs 38
cut (*to*) 3, 17
cut oneself (*to*) 51
cutlery 17
cycling 19
cyclist 19, 26

dad 29
daily 58
dairy 18
damage 51
damp 61
dance (*to*) 20
danger 54
dangerous 10
dare (*to*) 54
dark 62
date 58
daughter 29

daughter-in-law 29
day 55, 56
day after 56
day after tomorrow 56
day before yesterday 6, 56
day off 10
death 6
debt 31
decade 57
decide 14
declare (*to*) 38
decorator 10
deep 61
defend (*to*) 32
degree (*diploma*) 10
degree (*temperature*) 28
delay 40
delayed 40
delicatessen 18
delicious 13
delighted 12
democracy 33
democratic 33
dentist 6, 10
deodorant 3
department 18
department store 18
departure 39
deposit 38
describe (*to*) 1
description 1
desk 23
dessert 16
dial (*to*) 36
dialling tone 36
diarrhoea 6
diary 23
die (*to*) 6
difference 14
different 14
difficult 10, 61
dining room 24, 42
dinner 15, 16
diploma 30
direction 41, 64
director 10
dirty 61
disappointed 12
disapprove (*to*) 34
disco 22
discussion 34
disgusting 61
dish 16, 17
district 25
disturb (*to*) 37
diversion 26
divorced 8
doctor 10, 51
documentary 21
dog 27
door 24
door (*train*) 39
dormitory 43
double room 42
doubt (*to*) 34
downstairs 24
dozen 60
draw (*to*) 20
drawing 30
dress 2
drink 16
drink (*to*) 16
drive (*to*) 26
driver 10, 26, 41
driving licence 26
drop (*to*) 7
drown (*to*) 44, 51
drugs 32
dry 28
dry cleaner's 18
during 55
duty doctor 6
duty-free 38

ear 4
early 55
earn (*to*) 10
east 64
Easter 57
easy 10, 61
eat (*to*) 16
education 30
eg 65
egg 16
electrician 10
electricity 17
elegant 2
embarrassed 11
embassy 49
emergency exit 42
employee 10
employer 10
employment 10
empty 60
end 7
engaged 8, 36
engine 26
engineer 10
England 46
English 47
enjoy oneself (*to*) 20
enjoy your meal 37
enough 60
entirely 34
entrance 7, 24
envelope 35
equal 14
etc 65
eurocheque 31
Europe 46
European 47
European Community 33
evening 55
every 60
everything 60
exaggerate (*to*) 34
examination 30
excellent 61
excess fare 41
exchange 49
exchange (*to*) 18
excited 12
excursion 49

# INDEX


excuse 11
excuse me 37
exercise book 30
exit 41
expense 31
expensive 18
eye 4
eyes 1

face 4
factory 10, 25
fall 51
fall (*to*) 50
fall asleep (*to*) 15
fall ill (*to*) 6
family 29
famous 49
fascinating 20
fashion 2
fast 26
fast train 39
fat 1
father 29
father-in-law 29
favourite 14
feel (*to*) 5
feel like (*to*) 14
ferry 44
fetch (*to*) 7
few 60
field 27
fill (*to*) 60
fill up (*to*) (*car*) 26
film (*for camera*) 20
film (*movie*) 21, 22
find (*to*) 50
find a job (*to*) 10
find again (*to*) 50
fine 61
fine (*money*) 26, 51
finger 4
finish (*to*) 7
fire! 52
fireman 10, 51
fireplace 24
first 59
first aid kit 51
first class 39
first name 8
fish 16, 27
fishing 19
fitting room 18
flannel 15
flat 24
flat (*adj*) 61
flat (*tyre*) 26
flight 40
floor 24
Florence 46
flower 27
flu 6
fluent 48
fly (*to*) 40
fog 28
follow (*to*) 7
food 16
foot 4
football 19
for 32
for a long time 55, 58
forbid (*to*) 11
forbidden 26
foreigner 49
forest 27
forget (*to*) 38, 50
forgive (*to*) 11
fork 17
form 35
fortnight 56
four-star petrol 26
frame 24
franc 31
France 46
frank (*to*) 35
frankly 34
free (*no charge*) 18
free (*seat*) 39
freezer 17
freezing 28
French 47, 48
fresh 61
fridge 17
friend 29
frightened 12
from time to time 55
fruit 16
fruit juice 16
frying pan 17
full 60
full board 42
funny 11
furious 12
furnished (*flat*) 24
furniture 23, 24
future 10
future 58

game 20
garage (*for repairs*) 26
garage (*of house*) 24
garden 24
garlic 16
gas 17, 63
gear 26
generally 34
gentleman 8
geography 30
German 47, 48
Germany 46
get dressed (*to*) 15
get lost (*to*) 50
get off (*to*) 39
get on (*to*) 39
get on well (*to*) 29
get up (*to*) 7, 15
ginger (*hair*) 3
girl 8
give a hand (*to*) 17
glass 17
glasses 1, 6
gloves 2
go (*to*) 7, 20
go and see (*to*) 22

go away (*to*) 7
go camping (*to*) 43
go down (*to*) 7
go for walks (*to*) 20
go home (*to*) 15
go in (*to*) 7
go out (*to*) 22
go past (*to*) 7
go to bed (*to*) 15
go up (*to*) 7
goal 19
good 11, 28, 61
good evening 37
Good Friday 57
good luck 37
good night 37
goodbye 37
government 33
gramme 60
granddaughter 29
grandfather 29
grandmother 29
grandparents 29
grandson 29
grapes 16
grass 27
Great Britain 46
green 1, 62
green beans 16
greengrocer's 18
grey 3, 62
grocer's 18
ground 19
ground floor 24
group 49
grow (*to*) 27
guide 39, 49
guidebook 49
guilty 53
guitar 20
gymnasium 30
gymnastics 19

hair 3, 5
hairbrush 3
hairdresser 10
hairdresser's 18
half 55, 60
ham 16
hand 4
handbag 2
handicrafts 30
handkerchief 2
handy 61
hang up (*to*) 36
happen (*to*) 50
happiness 12
happy 11
Happy New Year 37
harbour 25, 44
hard 61
hat 2
hate (*to*) 14
have (*to*) 1
have a good trip! 37
head 4
headache 6
headlines 21
headmaster 30
health 6
hear (*to*) 13
heart 4
heart attack 6
heavy 61
hello 36, 37
help (*to*) 17
help! 52
hen 27
hesitate 14
hi! 37
Highway code 51
hill 45
history 30, 58
hitch-hike (*to*) 43
hitchhiker 26
hitchhiking 43
hobby 20
hockey 19
hold on 36
holiday 49, 57
holidays 10
homework 15, 30
honest 11
hors d'oeuvre 16
horse 27
hospital 6
hot 61
hour 55
house 24
housewife 17
housework 17
how are things? 37
how much 18
however 34
hundred 59
hungry 5
hurry (*to*) 41
hurt (*to*) 6
husband 8, 29
hygiene 6

ice 28
ice-cream 16
idea 34
identity 8
identity card 38
if 34
ill 5, 6
imagine (*to*) 54
immediately 55
immigrant 32
important 10
improve (*to*) 48
improvement 28
in 8
in front of 64
included 42
industrial estate 25
industry 10
inform (*to*) 34
information 39
inhabitant 25
injection 6
injured 51
injured person 51

# INDEX


insect 27
inside 24
insurance 26
insured 51
intelligent 11
intend (*to*) 10
intercity train 39
interested in 10, 20
interesting 10, 20
international 33
interval 22
interview 21
introduce (*to*) 37
investigate (*to*) 53
invitation 22
invite (*to*) 22
iron 17
iron (*to*) 17
is it? 34
island 45

jacket 2
jam 16
jeans 2
jewellery 18
jewels 2
jigsaw 20
joint 16
journey 49
judge 10
jump (*to*) 7, 19
jumper 2

key 24, 42
kill (*to*) 53
kilo 60
kilometre 60
kind 11
kind regards 35
king 33
kitchen 24
knee 4, 7
knife 17
knitting 20
know (*to*) 30

lab(*oratory*) 30
lady 8
lake 45
lamb 16
lamp 23, 24
land (*to*) 40
landing 24
landscape 27
language 30, 40
large 2
last 59
last (*to*) 58
late 39, 55
Latin 48
laugh (*to*) 12
launderette 18
lazy 11
learn (*to*) 30, 48
learn by heart (*to*) 48
leather 63
leave (*to*) 10
left 64
left luggage 39
left-wing 33
leg 4
lemon 16
lemonade 16
lend (*to*) 31
less 14, 60
let (*to*) (*allow*) 11
let (*to*) (*flat*) 8
letter 35
letterbox 24
level crossing 26, 39
library 30
lid 17
lie down (*to*) 7
life 8
lift 24, 42
lift (*to*) 7
lift the receiver (*to*) 36
light 13, 61, 62
lightning 28
like 14
like (*to*) 14
line 41
liquid 61
list 38
listen (*to*) 13, 21
litre 60
little (*a*) 60
live (*in place*) (*to*) 24
live (*to*) 8
liver 4
liver pâté *16*
living room 24
loan 31
local train 41
long 2, 61
look (*to*) 1
look at (*to*) 13
look for (*to*) 10, 50
lorry 26
lose (*to*) 19, 20, 50
love 12
love (*in letter*) 35
low 61
lower (*to*) 7
luggage 39
luggage trolley 39
lunch 16
lying down 7

mad 11
magazine 20, 21
mail 35
main course 16
make (*of object*) 26
make-up 3
man 8
manager 42
many 60
map 46, 49
margarine 16
market 18
married 8

marvellous 61
masterpiece 49
match (*for fire*) 16
match (*sport*) 19
maths 30
maybe 34
mayonnaise 16
meal 16
mean (*to*) 48
meat 16
mechanic 10
medicine 6
Mediterranean 46
medium 2
meet (*to*) 50
melon 16
membership card 43
mend (*to*) 17
mention (*to*) 34
menu 22
Merry Christmas 37
metal 63
metre 60
middle 64
midnight 55
mild 28
milk 16
milk jug 17
million 59
mineral water 16
minister 33
minor 9
minute 55
mirror 23, 24
Miss 8
mist 28
mistake 30
modern 61
moment 55
money 31
month 57
monument 25
moped 26
more 14, 60
morning 55
most 60
mother 29
mother-in-law 29
motorbike 26
motorcyclist 26
motorway 26
mountain 45
mouth 4
move (*to*) 7
Mr 8
Mrs 8
much 60
muggy 28
mum 29
museum 25
mushroom 16
music 20, 30
musician 22
mustard 16
mutton 16

nail 20
name 8
narrow 61
national 33
natural 63
naturally 34
neck 4
need (*to*) 14
negotiations 33
neighbour 29
nephew 29
never 55
never mind 37
new 61
New Year's Day 57
New Year's Eve 57
news 21
news bulletin 21
newspaper 21
newsstand 18
nice 11
niece 29
night 55
night porter 42
nightclub 22
no 37, 60
no parking 26
no thanks 37
no vacancies 42
noise 13
noisy 13
non-smoking 39
noon 55
north 64
North Sea 46
nose 4
nothing 60
now 55
number 8, 36, 59
number plate 26
nurse 6, 10
nylon 63

offer (*to*) 22
office 10
often 55
oil 26
OK 37
old 1, 9, 61
old town 49
oldest 29
omelette 16
on time 39
one way street 26
onion 16
open (*to*) 7
opera 22
operation 6
operator 36
opinion 34
opinion poll 33
optimistic 11
or 34
orange 16
orchestra 22
order (*to*) 22
out of order 36
outing 20

# INDEX


outside 24
oval 61
overcast 28

package holiday 49
pain 6
paint (*to*) 20
pair 2, 60
pan 17
pants 2
paper 63
parents 29
park 25
park (*to*) 26
party 22
party (*political*) 33
pass (*to*) 30
passenger 39
passport 38
past 58
pastime 20
pâté *16*
patient 11
pavement 26
pay (*to*) 10, 18, 31
pay back (*to*) 31
pay rise 10
payment 31
peach 16
pear 16
peas 16
pedestrian 26
pedestrian crossing 26
pen 35
pencil 30, 35
penfriend 35
penicillin 6
penknife 43
pepper 16
perfect 61
perfume 3
pessimistic 11
pet 27
petrol 26
petrol pump 26
petrol station 26
phone 36
phone (*to*) 36
phone book 36
phone box 36
phone call 36
photograph 20, 23
physics 30
piano 20
picnic 16
picture 24
picturesque 49
piece 60
pig 27
pile-up 51
pill 6
pillow 15
pilot 40
pineapple 16
pipe 16
pity 37
plane 40
plant 27
plastic 63
plate 17
platform 39
play 22
play (*to*) 15, 19, 20
player 19
pleasant 11, 28
please 37
pleased 12
pleased to meet you 37
plug 24
plumber 10
Po 46
pocket 2
point out (*to*) 64
police 51
police station 53
policeman 10, 53
polite 11
politics 33
poor 31
pork 16
porter 39
post (*to*) 35
post office 35
postage 35
postbox 35
postcard 35
postcode 8
poster 23
postman 10
potato 16
pound 31
prefer (*to*) 14
prepare (*to*) 17
prescription 6
present (*gift*) 22
present (*time*) 58
press 21
pretty 1, 61
prevent (*to*) 11
price 18
primary school 30
Prime Minister 33
prize 30
problem 32
profession 10
programme 21, 22
promise (*to*) 34
pronounce (*to*) 48
Protestant 8
proud 11
pub 22
public transport 41
pull (*to*) 7
punish (*to*) 30
pupil 30
purse 31
push (*to*) 7
put (*to*) 7
put down (*to*) 7
put on (*to*) 2
pyjamas 2

quantity 60
quarter 55, 60

queen 33
question 30
quickly 48

rabbit 27
racism 32
radiator 24, 26
radio 21
radio alarm 23
railway 39
rain 28
rain (*to*) 28
raincoat 2
rainy 28
raise the alarm (*to*) 52
rare 60
rare (*meat*) 16
raspberry 16
rather 1, 61
razor 3
read (*to*) 15, 20, 48
reading 20
receipt 18
receive (*to*) 35
reception 42
receptionist 42
recognize (*to*) 50
recommend (*to*) 22
record 24
record player 24
red 62
Red Cross 52
reduced 18
redundancy 10
referee 19
region 45
registered mail (*by*) 35
reject (*to*) 10
remain (*to*) 7
remarkable 61
remove (*to*) 7
rent 24
rent (*to*) 38
repair (*to*) 26
repeat (*to*) 48
reply (*to*) 34, 35
report (*of accident*) 51
reservation 39
rest 7, 15
restaurant 22
result 30
return 7
return (*to*) 7
return ticket 39
reward 50
rib 4
rice 16
rich 31
right 64
right of way 26
right-wing 33
ring (*to*) 36
risk 54
river 45
road 26
road map 26
roadworks 26
Rome 46
room 24, 42
rose 27
round 61
rubbish bin 43
rucksack 38
rugby 19
run (*to*) 7, 19

sad 11
salad 16
salary 10
sales 18
salt 16
salty 16
sandals 2
sandwich 16
sanitary towel 6
sardines 16
Sardinia 46
saucepan 17
sausage 16
save (*to*) 31
say (*to*) 34
scarcely 60
school 30
science 30
scooter 26
score (*to*) 19
screen 21
sea 44
seafood 16
search (*to*) 38
seasick 6
season 57
season ticket 41
seat 39
seat belt 26
second 55
secondary school 30
secretary 10
see (*to*) 13
see you later 37
see you soon 37
see you tomorrow 37
seem (*to*) 1
sell (*to*) 18
send (*to*) 35
sender 35
senses 13
sentence 35
separated 8
serial 21
serious 6, 11, 51
serve (*to*) 19
service 42
service included 22
set the table (*to*) 17
several 60
sex 8
shade 2, 28
shampoo 3
shape 61
shave (*to*) 3

# INDEX


sheep 27
sheet 15
shine 28
shirt 2
shoe repairs 18
shoe size 2
shoes 2
shop 10, 18
shop window 18
shopkeeper 10
shopping 18
short 2, 3, 61
shorts 2
shoulder 4
shout (*to*) 12, 34
show 22
show (*to*) 64
shower 15, 24, 42
shower (*rain*) 28
showing 22
shy 11
Sicily 46
sight 13
sign (*to*) 8
silly 11
simple 61
sing (*to*) 13, 20
singer 10
singing 20
single 8
single ticket 39
sink 24
sink (*to*) 44
sister 29
sit an exam (*to*) 30
sit down (*to*) 7
sitting 7
sitting room 24
size 2
ski 19
skin 1, 4
skirt 2
sky 28
sleep (*to*) 15
sleeping bag 43
slope 19
slow down (*to*) 26
slowly 48
small 1, 2, 61
smell 13
smell (*to*) 13
smile (*to*) 7
smoke (*to*) 16
smoking 39
smuggle (*to*) 38
snack 16
snake 27
snow 28
snow (*to*) 28
soap 15
socialism 33
socialist 33
socks 2
sofa 24
soft 61
solid 61
son 29
son-in-law 29
song 20
soon 55
sore stomach 6
sorry 12, 37
soup 16
south 64
souvenir 49
Spanish 47
spare wheel 26
speak (*to*) 34, 48
speciality 49
spell (*to*) 8
spend (*to*) 18, 31
spill (*to*) 50
spoil (*to*) 50
spoon 17
spoonful 60
sport 19
sportsman 19
spot 1
sprain (*to*) 6
spring 57
spy (*to*) 53
square 25
square (*shape*) 61
stadium 19
stairs 24
stamp 35
standing 7
star 45
star (*film*) 22
start (*to*) 7
starter 16
state 33
station 39
stay (*to*) 7
steak 16
steal (*to*) 53
stereo 24
stewardess 10, 40
stick 6
sticking plaster 6
stockings 2
stomach 4
stop 26, 39, 41
stop (*to*) 7, 41
storm 28
straight 61
straight ahead 64
strange 11
strawberry 16
street 25
strike 10
strong 13, 16
student 30
study (*to*) 10, 30
subject 30
substance 63
subtitles 22
suburbs 25
sugar 16
sugar bowl 17
suit 2
suit (*to*) 2
suitcase 38
summer 57
summer holidays 30
summit 45
sun 28
sunbathe (*to*) 44

sunburn 6
sunny 28
supermarket 18
suppose (*to*) 34
surgery 6
surprise 50
sweep (*to*) 17
sweets 16
swim (*to*) 19, 44
swimming 19
swimming costume 2
swimming pool 19
Swiss 47
switch on (*to*) 21

table 24
tablet 6
take (*to*) 7
take part in (*to*) 20
take place (*to*) 50
taken 39
tall 1
tap 24
tape-recorder 24
tart 16
taste 13, 16
taste (*to*) 13
taxi 41
tea 16
teacher 10, 30
teaching 30
team 19
teenager 9
telegram 35
television 21
television news 21
tell (*story*) (*to*) 34
temperature 6, 28
tennis 19
tent 43
terrific 11
thank (*to*) 37
thank you 37
thank you very much 37
thanks to 34
theatre 22
then 55
thief 53
thin 1
think (*to*) 32
thirsty 5
thousand 59
threatened 53
throat 4
through train 39
throw (*to*) 19
throw away (*to*) 7
thunder 28
thunderstorm 28
Tiber 46
ticket 39, 41
ticket office 39
tidy up (*to*) 17
tie 2
tight 2
tights 2
till 18
timetable (*school*) 30
timetable (*train*) 39
tin (*of*) 60
tip 42
tired 5
to 39, 41
to hate 14
tobacco 16
tobacconist's 18
today 56
together 22
toilet 24, 39, 42
toilets 43
toll 26
tomato 16
tomorrow 56
tongue 4
tonight 56
too 1, 61
too many/much 60
tooth 4
toothache 6
toothbrush 15
toothpaste 15
top quality 61
touch (*to*) 7, 13
tourism 49
tourist 49
tourist office 49
towel 15
town 25
town hall 25
toy 20
track (*train*) 39
trade union 10
traffic 26
traffic lights 26
train 39
training 10
transistor radio 21
translate (*to*) 48
travel (*to*) 49
travel agency 38
travel agent's 18
traveller's cheque 31, 38
tray 17
tree 27
trousers 2
trout 16
try on (*to*) 2
turn (*to*) 64
turn round (*to*) 7
Tuscany 46
twin 29
twin room 42
two-star petrol 26
typist 10
tyre 26

ugly 1, 61
umbrella 2
uncle 29
under 64
underground 41

# INDEX


understand (*to*) 48
undoubtedly 34
undress (*to*) 15
unemployed 10
unemployed person 10
unemployment 32
unfortunately 50
unhappy 11
United States 46
university 30
upstairs 24
useful 10, 61
useless 61
usherette 10, 22
usually 15

vacuum (*to*) 17
vacuum-cleaner 17
valley 45
veal 16
vegetable 16
vehicle 26
Venice 46
very 1, 61
video recorder 21
view 42
village 45
violence 32
violin 20
visibility 51
visit (*to*) 49
voice 13
vomit (*to*) 6

wait (*to*) 41
waiter 10, 22
waiting room 39
waitress 10, 22
wake up (*to*) 15
walk 7, 20
walkman (*R*) 21
wall 24
wallet 31
wallpaper 23, 24
want (*to*) 14
war 32
wardrobe 23, 24
warm 28
wash (*to*) 15
washbasin 24, 42
washing 17
washing machine 17
washing-up 17
watch 2, 55
watch (*to*) 21
watch out 37, 50
water 16, 63
weak 5
wear (*to*) 2
weather 28
weather forecast 28
week 56
weekend 56
weekly magazine 21
welcome 37
well done (*meat*) 16
well done! 37
west 64
western 22
wet 61
wheel 26
when 55, 58
where 64
white 3, 62
who 36
wide 2
widow 8
widower 8
wife 8, 29
win (*to*) 19, 20
wind 28
window 24, 39
wine 16
winter 57
winter sports 19
wipe (*to*) 17
wish (*to*) 14, 37
with 34
without 34
witness 51
woman 8, 29
wood 27
wool 63
word 35
work 10
work (*to*) 10
working class 33
workshop 10
world 45
worried 12
worry (*to*) 12
worse 61
write (*to*) 35
writing paper 35

X-ray 6

yawn 7
year 57
yellow 62
yes 37
yes please 37
yesterday 56
yoghurt 16
young 1
young man 9
young person 9
youth hostel 43

zero 59
zip 2